Albert Klepper
Im Spannungsfeld zwischen Rausch, Erotik und Spiritualität

AF286241

Dr. med. Albert F. Klepper ist Psychiater, Dipl.-Psychologe, Psycho-therapeut und Germanist. Er leitet die Suchtfachklinik Magdalenen-stift Chemnitz, eine Einrichtung der Stadtmission Chemnitz e.V., Diakonisches Werk der Ev.-Luth. Landeskirche Sachsen.

Grundlage der vorliegenden Schrift ist die Hypothese, dass ein in-herenter Zusammenhang zwischen Erotik, Rausch und Spiritualität besteht. Im Schnittpunkt der Koordinaten von Begrenztheit und Unbegrenztheit sowie Leben und Tod bewegt sich vor allem unser Leben. In den Entitäten Rausch, Erotik und Spiritualität erfahren diese »Gegensätze« jedoch eine verschärfte Akzentuierung.

Albert Klepper

Im Spannungsfeld zwischen Rausch, Erotik und Spiritualität

Annäherungen an ein Thema

Juni 2003
© 2003 Albert Klepper
Satz und Layout: Buch & medi@ GmbH, München
Umschlaggestaltung: Kay Fretwurst, Spreeau
Herstellung: Books on Demand GmbH, Norderstedt
Printed in Germany
ISBN 3-8330-0843-1

Inhalt

1. Einleitung 11

2. Annäherungen an das Thema:
Rausch und Sucht 15

3. Annäherung an das Thema;
Anmerkungen zur Historie 22

4. Annäherung an das Thema:
Die Hexenprozesse 26

5. Annäherung an das Thema:
Begrenzung und Todesangst 31

6. Annäherungen an das Thema:
Die Erotik und ihre Unendlichkeit 39

7. Annäherung an das Thema:
Zur grundsätzlichen Frage der Begrenzung und der
Unendlichkeit in ausgewählten Wissenschaftsgebieten 46

8. Annnäherungen an das Thema:
Die Spiritualität und das Böse 50

9. Annäherungen an das Thema:
Die Biologie und der Rausch 53

10. Rückblick und Ausblick 56

Wo ist der Gott, der uns liebt, ist der Mensch, der uns traut,
ist die Flasche, die uns wärmt, wenn der Morgen graut?

Text von Sven Regener
von der Rockgruppe Element of Crime

Memento mori
(Bedenke, dass du sterben wirst)

Wo gehen wir denn hin? Immer nach Hause.

Novalis

Für meinen Vater

1. Einleitung

Jeder schreibt doch was über Sex, sagte mir kritisch eine Freundin, als ich ihr etwas von diesem Heftprojekt berichtete.

Nun hat der Titel des Heftes auch noch zwei andere wichtige Begriffe – viel zu langer Titel, warf ein Freund ein; höchstens zwei Worte; das verkauft sich besser. Nun ja, in dieser Hinsicht ließ sich jedoch nichts kürzen, wie Sie, sehr verehrte Leser noch erkennen werden.

Über den Zusammenhang der Entitäten Rausch, Erotik und Spiritualität machte ich mir erst als Leiter einer christlichen Suchtfachklinik Gedanken.

Zuvor war ich als Arzt im Akut-Medizinbereich immer mit den Grenzen des Lebens konfrontiert, ob etwa auf einer AIDS-Station oder ob es sich um einen psychiatrischneurologischen Notfalldienst gehandelt hatte, aber das Thema Religion und Gott spielte, wenn überhaupt, nur eine marginale Rolle.

Es gibt keinen Bereich in der Medizin; in der die Religion, und damit nichtmedizinische Bereiche, auch und gerade sehr radikale und fundamentalistische Richtungen, so viel zu sagen haben wie im Suchtbereich.

Ohne eine berufspolitische Diskussion entfachen zu wollen, hat es natürlich auch eine Bedeutung, wenn ein Großteil der Suchtberatungsstellen einen religiösen Träger hat, ebenso sieht es mit den vielen katholischen und evangelischen Suchtfachkliniken aus. Natürlich besteht die Gefahr, dass der Heuchelei oft Tür und Tor geöffnet wird, im kritischeren Falle wird ordentlich indoktriniert.

Natürlich kennt jeder die Zeugnisse der Bekehrten (… über Nacht kam Gott zu mir und befreite mich von der Sucht); insgesamt spielen sie jedoch, was die Masse der Suchtkranken angeht, nur eine untergeordnete Rolle; die meisten Hilfe Suchenden reagieren mit Reaktanz; d.h. bei subjektiv empfundener Freiheitseinschränkung unter dem Einfluss einer Ideologie mit gegenteiligen Reaktionen.

Für mich ist auffallend, dass in großen Teilen der Suchtmedizin Spiritualität groß auf den Fahnen geschrieben wird, Rausch und Sex dagegen tabuisiert werden. Es wurde der inherente Zusammenhang zwischen den Begriffen mir daher immer deutlicher.

Warum, so kann man sich doch fragen, kümmert sich die Kirche nicht im gleichen Maße um die Rheumakranken, um die Krebskranken, um Herzkranke. Nehmen wir z.B. die Herzschwäche (Herzinsuffizienz). Sie kommt häufiger vor als die Alkoholkrankheit, 20 % aller Patienten mit schwerer Herzschwäche (Grad IV) sind 5 Jahre nach Diagnosestellung tot; es liegt also eine höhere Letalität als bei der Alkoholkrankheit vor.

Ein religiöser Mensch würde eher auf die Idee kommen, sich um Suchtkranke zu kümmern als um Herzkranke; dies liegt nicht darin, dass die Sucht als Krankheit ein »Aschenputteldasein« in der Medizin geführt hat, jedoch ist dies auch eine Teilursache, denn diese Rolle hat sie in der Medizin längst verloren.

In der Alltagsarbeit wurde mir der Zusammenhang derlei Entitäten immer deutlicher, immer, wenn die Bedeutung der Spiritualität in der Behandlung der Suchtkranken hervorgehoben wurde – nein, nicht irgendeine Spiritualität, sondern natürlich ausschließlich eine christliche Spiritualität. Weniger die Gläubigen bedrängen die Süchtigen mit ihrem Glauben – nein, der Süchtige ruft nach Spiritualität und die Gläubigen antworten darauf.

Natürlich sind auch Rausch und Sucht Geschwister, jeder so genannte Problemtrinker kennt den Rausch, aber nicht jeder Berauschte ist süchtig. Entscheidend dafür, dass der Rausch nicht in eine Sucht übergeht, ist das Ritual. Auch davon wird im Heft die Rede sein.

Jeder im Suchtbereich tätige professionelle Helfer wird mir bei allen, auch soziokulturellen Unterschieden in der Behandlung von Suchtkranken Recht geben, dass die entscheidenden Aspekte neben einer Beziehungsherstellung das Aufzeigen der Realität von Begrenzungen darstellt. Meines Erachtens spitzt sich das Problem der Begrenzungen in der Suchttherapie zu, ist jedoch an sich das Grundproblem des Menschen; darum geht es letztlich in diesem Buch. Damit verbunden sind Gefühle der Unendlichkeit oder Endlichkeit, das dionysische oder religiöse Gefühl.

Gemäß dem Ausspruch von Heraklit, dass das Gegenteil von Weisheit die Vielwisserei wäre, geht es in der Behandlung von Suchtkranken um die Erlangung von mehr Weisheit. Jeder weiß daher, dass dies kein Aspekt der Intelligenz ist: wie viele akademische Süchtige hat man schlau reden hören und weiß, dass sie sich mittlerweile totgesoffen haben, umgekehrt schaffen es sogar Minderbegabte, von der Droge loszukommen. Es habe im »Kopf klick« gemacht, hört man dann nicht selten; die erlangte Weisheit hat natürlich viel mit sorgsamer eigener Begrenzung zu tun.

Es wird in der folgenden Abhandlung darum gehen, aufzuzeigen, dass die drei Begriffe einen gemeinsamen Nenner in der Auseinandersetzung zwischen Begrenztheit und
Unbegrenztheit haben. Diesen gemeinsamen Ursprung müssen sie wie ungleiche Brüder stets leugnen.

Über die Grenzenlosigkeit schreiben zu wollen, birgt natürlich die Gefahr, sich zu verlieren und impliziert, dass es sich nur um Approximationen an den wahren Kern handeln kann, daher nur »Anmerkungen« zu einem komplexen Thema.

Die Dichotomie Begrenztheit-Unbegrenztheit wird auf der emotionalen Ebene leicht zu den Gefühlslagen Resignation und Trost auf der einen und Hoffnung auf der anderen Seite.

Es soll sich nicht um eine wissenschaftliche Abhandlung handeln.

Das Thema tangiert tatsächlich eine unendliche Geschichte.

Die Ergänzung, dass es sich bei den Anmerkungen zu dem komplexen Thema um unwissenschaftliche Anmerkungen handelt, soll nicht originell sein. Der Verfasser will sich nur von Anfang an vor der Kritik schützen, die Arbeit wäre nicht wissenschaftlich genug. Die Gedanken sind sehr subjektiv, um wissenschaftliche Tatbestände bei dem Thema der Grenzenlosigkeit braucht man sich nicht zu kümmern, wohl aber um Plausibilität. Auch fehlt der vorliegenden kleineren Arbeit ein genaues wissenschaftliches Quellenstudium, die wissenschaftliche Zitatenweise usw. Dafür war der Autor zu bequem. Allerdings haben einige Werke den Verfasser in besonderer Weise inspiriert; diese sind:

STEPHEN W. HAWKING:
  Eine kurze Geschichte der Zeit
PASCAL BRUCKNER:
  Verdammt zum Glück
WILHELM SCHMID:
  Schönes Leben?
MICHEL HOUELLEBECQ;
  Ausweitung der Kampfzone
KOSTIS PAPAJORGIS:
  Der Rausch. Ein philosophischer Aperitif
HEINRICH KRAMER (Institoris):
  Der Hexenkammer Malleus Maleficarum:
  Kommentierte Neuübersetzung
ROBIN BAKER:
  Krieg der Spermien
DORIS DÖRRIE:
  Das blaue Kleid
  (hierin die Beschreibung des Totenfestes in Mexiko)
FRANCESCO ALBERONIE:
  Erotik. Weibliche Erotik, männliche Erotik — was ist das?

2. Annäherungen an das Thema: *Rausch und Sucht*

Phänomenologisch betrachtet, lockert sich im Rausch das Zeitgefüge und der Raum; etwas, was von jedem Berauschten gewünscht wird.

Natürlich ist die Qualität der Aufgabe von Raum und Zeit von der Art der Droge abhängig, aber sie ist auch möglich durch Alkohol.

Nehmen wir als Beispiel eines kollektiven Rausches den Karneval – jedes Zeitalter und jede Kultur hat ja so ihre eigenen kollektiven Rauschzustände.

Der Beginn des Rausches und damit die Ver-rücktheit des klaren Denkens wird durch die Verkleidung eingeläutet; ich werde General, Papst, Indianer, Clown, Schauspieler; die Männer können sich in Frauen verkleiden …

Ich komme aus dem katholischen Rheinland; geschickte Kirchenpolitik hat hier ein Ventil geschaffen, aber, nebenbei gesagt, heute würde fast genauso Karneval gefeiert werden, auch wenn die Kirche Karneval verbieten würde. Als Nichtalkoholisierter ist Karneval abstoßend, als Alkoholisierter genießt man es, auf den Tischen zu tanzen, fremde Hände (und andere Körperteile) anzufassen und angefasst zu werden. Wie das so ist bei schön erlebter Zeit – sie ist viel zu schnell vorbei; am Aschermittwoch ist alles vorbei – die Paare, die zum Karneval i.a. getrennt losgezogen sind, kommen wieder zusammen.

Rausch und Erotik sind halt verwandt – das darf jetzt schon vorweggenommen werden; am Aschermittwoch laufen daher Katholiken mit einem Aschekreuz auf der Stirn.

Der Rausch bahnt sexuelle Begegnungen, indem die Angst vor dem Fremden nachlässt. Nicht nur zur Karnevalszeit, sondern im Zeitraum jedes Anfanges einer sexuellen Begegnung spielt die Angst vor dem anderen/vor der anderen eine Rolle und der Rausch spielt

bei der Realisierung der sexuellen Begegnung oftmals eine ganz wichtige Rolle als Regulans;
– die Angst der Frau z. B. vor der ersten sexuellen Begegnung mit dem Mann:
Werden ihm meine Brüste, meine Taille, mein Hintern gefallen? Ich bin kurz vor den Tagen, werde ich bluten, und er wird es abscheulich finden. Werde ich erotisch genug sein für den Mann? Wie viel Emotionen spielen bei ihm eine Rolle? Werde ich auch nicht nur eine Nummer für ihn sein? Hoffentlich hole ich mir keine übertragbaren Krankheiten beim Verkehr.
– die Angst des Mannes z.B. vor der ersten sexuellen Begegnung mit der Frau:
Werde ich Sie sexuell befriedigen können? Wird es überhaupt sexuell klappen? Hoffentlich komme ich nicht zu früh! Hoffentlich hole ich mir keine übertragbare Krankheit beim Verkehr.

Warum aber in jedem Zeitalter und in jeder Kultur der Rausch?

Warum der freiwillige Verzicht des Ichs über die Souveränität seines gesamten Daseins? Eine erste Antwort ist nur paradox zu beantworten; der Trinkende erkennt im Rausch erst seine Identität; Gefühl und Intellekt finden erst jetzt zu einer nicht entfremdeten Totalität zusammen.

Die zweite Antwort ist die gewünschte Grenzüberschreitung. »Alles, was das Leben lebenswert macht, überschreitet Grenzen; deshalb gleicht es auch so sehr dem Rausch« Papajorges, K.: Der Rausch. Ein philosophischer Aperitif. S. 12).

Der Rausch ist anarchistisch, Konventionen sind ihm ein Hohn, im Rausch bin ich der, der ich eigentlich bin; ich werde großzügig, alle werden eingeladen (in der Gemeinde der Berauschten ist die Gruppe der Geizigen sehr klein); die potenziellen Möglichkeiten im technischen, künstlerischen usw. Bereich werden dem Berauschten jetzt deutlich – die niederen Bereiche von Moral und Anstand verlieren an Wert. Das Eingebettetsein in die Rolle und in die Kirche ist nicht mehr möglich. Die sokratische Ironie, verstanden als die ewige Negation der Negation wie auch der Sarkasmus stehen dem Berauschten zur Verfügung. Keine Religion schätzt das Lachen.

Der Berauschte amüsiert sich dagegen köstlich.

In »Im Namen der Rose« von U. Ecco ist die Ironie die Ursache für religiöse Selbstkasteiungen und Morde gewesen.

Im Rausch wird eine Freiheit eingefordert; Glaube und Gehorsam müssen jetzt zurücktreten. Der ganze Popanz einer Weltordnung wird auf den Scheiterhaufen geworfen.

Nicht im manifesten Verhalten ist da irgendetwas Revolutionäres; im Gegenteil; oftmals bedienen sich reaktionäre, nationalistische, rassistische usw. Ideologien des Alkohols; Angst kommt bei diesem Gedanken auf, Albträume von betrunkenen schlagenden Horden kommen auf, die Angst vor der Kristallnacht.

Nein, aber für die Erlebnisweise, für die Fantasie, für die Latenz trifft das Gesagte zu. Ein ozeanisches Grundgefühl, das Gefühl, die Grenzen zu verlassen, wird je nach Droge qualitativ anders erlebt, das Bewusstsein ist unterschiedlich verschoben.

Im Haschischrausch verlangsamt sich die Zeitvorstellung, die Langsamkeit der Bewegungen wird entdeckt und genossen; Gedanken kristallisieren sich um gewünschte Wahrnehmungen und werden von Störideen im Alltag nicht mehr abgelenkt. Der Haschischkonsument ist kritisch gegenüber der Herrschaft und der Leistungsgesellschaft eingestellt, aber er fühlt sich auch erhaben über den Revolutionär.

Die automatische Betriebsamkeit des Alltages ist ihm fremd. In einem guten Rausch ist ihm das Geschenk eines künstlichen Paradieses vergönnt, jedoch während der Haschischwirkung ist dem Konsumenten die Künstlichkeit weiter bewusst.

Noch weltentrückter ist der Opiatkonsument gestimmt. Er fühlt sich dem Geheimnis des Glücks im Rausch recht nahe. Opium verzaubert, es ist die Droge für den stillen, in sich gekehrten Sensiblen, für den, der für Träumerei und Geistigkeit ist.

Die überschäumenden Gefühle, das Gebrüll, die Brutalität, das Geheul und die Blamage des Alkoholikers widern ihn an.

Meskalin, ein Substrat des Peyotl-Kaktus, steigert dagegen die tiefe, sowieso schon ahnende Entfremdung zwischen Ich und Welt, es ist die künstliche Schizophrenie.

Völlig anders dagegen die Wirkung von Cocain, die Leistungsdroge für die energetische Mehrung. Für jeden kleinen Spießer gibt es in dieser Hinsicht einen schlappen Abklatsch – ein Getränk, überall zu kaufen, welches »einem Flügel verleiht!«

In der alkoholpermissiven Gesellschaft, in der wir leben, begleitet der Alkohol als entscheidende relevante Droge in oftmals freundschaftlicher Art und Weise das Alltagsleben.

Er ist da, wenn gelacht wird, wenn zwei Lippen sich berühren, wenn die Tränen fließen, er ist oft lebenslanger Begleiter.

Der kleine Ausflug in das Reich der Drogen muss reichen; es ließe sich noch viel zu den Wirkungen von Pilzen, LSD, Heroin, Methamephetaminen, Angel, Dust, Ecstasy, Bufotenin u. a. Drogen sagen, dies würde jedoch den Rahmen sprengen; die Intention ist jedoch deutlich geworden.

Wir kommen zur dritten und wichtigsten Antwort des Warum des Rausches, weil wir permanent mit dem Gedanken an den Tod leben müssen. Je älter wir werden, umso ohnmächtiger spüren wir die Unausweichlichkeit des Todes.

Für den Berauschten hat sich Gott bzw. haben sich die Götter zurückgezogen. Der Berauschte ist moralisch ein Nichts, aber vom Bösen ist er weit entfernt. Der Ausgang des Lebens ist vom ersten Tage an schon vorweggenommen. Oft sind nur schwer die Betroffenheiten derer zu ertragen, die betonen, dass der Krebs den Guten dahingerafft habe, oder der Herzinfarkt oder wäre er nicht unter das Auto gekommen … es klingt immer die Behauptung durch, dass er hätte ewig leben können, wenn ihm nicht gerade dieses Unglück widerfahren wäre. Wir sind noch bei der Tragödie; der Berauschte macht sich den Tod zur Tragikomödie. Hier beginnt die Stunde der Spiritualität (Spiritualität als Weg zu Gott verstanden); genauer der Eschatologie, der Lehre von den letzten Dingen, der Tod wird nur als eine Zwischenstufe erklärt. Ist man in Glaubensfragen nicht gefestigt, kommt einem der Gläubige wie der Berauschte vor, auch hier wieder ein Ende in einer Tragikomödie.

Stellen Sie sich vor, sie legen sich heute Abend nieder und wachen morgens nicht mehr auf? Ein alltäglicher, zig-millionenfacher Vorgang, aber für sie schlecht vorstellbar.

Halten Sie inne – versetzen Sie sich in den Gedanken, vor dem nächsten Morgengrauen sterben zu müssen.

Es sterben immer die anderen – aber ich?

Es gibt Berichte von Menschen in den Grenzsituationen – Leben – Tod; über den Tod selbst kann keiner mit uns sprechen. Keiner ist vom Tod zurückgekehrt. Die Grenzsituation wird jedoch übrigens als durchaus angenehm beschrieben.

Die Religionen speisen sich aus der Angst der Menschen vor ihrer eigenen Lebensbegrenztheit. Mit einem Weiterleben nach dem Tod wird eine Unbegrenztheit geschaffen, vorausgesetzt, man lässt sich einbetten in ein ideologisches System.

Andererseits fordert der Tod als Grenze des Lebens gerade den Menschen dazu auf, zu leben. Die Lust, das Leben zu gestalten, resultiert gerade auf Grund der Kürze des Lebens. Wir verdanken diese Gabe dem Tode. Würde es keinen Tod geben, würde das Prinzip der Langsamkeit und der Repetition bestimmend sein. Eine schöne Vorstellung?

Es wird deutlich, dass die Erhebung der Frage sowohl nach endlichen als auch nach unendlichen Leben belastend ist; auch hierbei entkommt der Berauschte dieser Situation ansatzweise und temporär; der religiös Eingebundene ist besser dran:

Von guten Mächten wunderbar geborgen erwarten wir getrost, was kommen mag. Gott ist bei uns am Abend und am Morgen, und ganz gewiss an jedem neuen Tag.

(1. Strophe des Gedichtes »Von guten Mächten ...«; aus Dietrich Bonhoeffers vorletzten Gefängnisbrief, kurz vor seiner Ermordung).

Gelingt dieses Gefühl von religiösem Eingebundensein nicht vollständig – und vollständig wird dieses Gefühl kaum gelingen – man kann eben auch den Glauben nicht wie eine Brieftasche einstecken – so tauchen wieder die bohrenden Fragen der Begrenztheit auf.

Eine Inszenierung von suchendem Sinn und Bedeutung ist die Festsetzung durch ein Ritual. Das religiöse Ritual ist eine Sonderform der Gewohnheit, so wie auch der Rausch als Sonderform des Rituals eine Sonderform der Gewohnheit ist. Im wiederholten

Rausch wird die verschoben erlebte Raumzeitkultur zyklisch wiedererlebt.

Der Rausch kann leicht in einen Exzess ausarten; hierbei gerät endgültig die religiöse Ideologie ins Wanken.

Ein Exzess muss unbedingt unterbunden werden, weil hierbei eine Unbegrenztheit außerhalb der spirituellen Unbegrenztheit entsteht.

Im Exzess schwingt immer Sex und Erotik mit; subjektiv wird der Exzess wie der Rausch als Innehalten von Raum und Zeit erlebt.

Man ist im Augenblick; wenn der Rausch, der Exzess vorbei ist, anschließend kann als evolutionärer Fortschritt der Entwicklung der menschlichen Großhirnrinde die Reflektion einsetzen.

In der Spiritualität wendet das totale Ich von der Unmittelbarkeit der Lüste ab und wendet sich einer fantastischen Himmelslust hin – vorwiegend eine Leistung der Reflexion. Beim Sex dagegen erlebt das totale Ich die unmittelbare Lust. Danach setzt erst die Reflexion ein.

Als Psychiater erlebte ich unzählige Male, wie sehr glaubensfest Gebärende sich als Depressive behandeln ließen; offenbar scheinen auch sie dem Phänomen der einsamen Existenz auch nicht entfliehen zu können.

Tritt man zu stark aus dem Augenblick heraus, so wird einem allzu rasch das Zurückgeworfensein auf sich selbst bewusst: Es ist der moderne Mensch im Wartesaal des Lebens; verurteilt dazu, das finale Argument als große menschliche Hirnleistung nicht loszuwerden, wenn wir nicht wenigstens gelegentlich den Rausch hätten.

Das weiß im Prinzip auch die Kirche.

Das finale Argument ist – egal, wie man dazu steht – ehrlich, damit stärker als jede Fortschrittsideologie, denn jede weltliche Ideologie schreckt ehrfürchtig vor dem Nichts, dem Abgrund, dem Absoluten, der Zerrissenheit zurück. In einer Zeit, in der nicht einmal mehr eindeutig die Schuld durch den Biss in den Apfel der Erkenntnis eindeutig ist, werden neochristliche Sekten zu Killerbanden und unterscheiden sich nicht mehr von einer Spiritualität, die am naiven Glauben an Himmel und Erde festhält, die das islamische Recht er Sharia in Nigeria hervorbringt, wonach Frauen wegen außerehelichem Sex öffentlich gesteinigt werden.

Man braucht nicht in besonderem Maße narzisstisch akzentuiert zu sein, um das finale Argument als unglaubliche Unverschämtheit zu empfinden; ich bin in die Welt hineingeworfen worden, also muss ich leben. Die Ahnung, in einer Situation ohne Zukunftsaussicht zu sein, nährt die Hoffnung auf einen gewissen Determinismus. Der verbleibende Zweifel an diesem Determinismus bahnt den Rausch.

Glücklicherweise lässt die Energie des Müssens mit den verbundenen Hoffnungen und Verzweiflungen mit Spiritualität, Erotik und Rausch mit dem Alter an Radikalität nach; das Sterben wird – so oder so – mit dem Alter tendenzmäßig einfacher.

3. Annäherung an das Thema;
Anmerkungen zur Historie

Rausch, Erotik und Spiritualität sind Brüder. Ziel ist ein Überstieg aus den Fesseln unseres Körpers hinaus.

Nehmen wir die Dyade Rausch und Spiritualität und betrachten ihren inherenten Zusammenhang historisch. Beiden verbindet die Flucht aus dem »Jammertal«. Die Ekstase im Rausch verweist bereits auf die Triade mit der Erotik als dritten Schenkel des Dreiecks.

Der Rausch ist nahezu jedem Volk bekannt; die bevorzugten Substanzen unterscheiden sich, jedoch nicht das Grundbedürfnis. Vielfach zeigen sich Räusche als geheimnisvolles Schweigen, auch hier zeigt sich eine Beziehung zur Religion.

In verschiedenen Kulturen spielte die Sonnengottheit Mithras, Mitras, Mitra, Mithra eine wesentliche Rolle.

Eine Renaissance erlebte die Sonnengottheit im römischen Reich in der unbesiegbaren Sonne – Sol Invictus. Es entwickelte sich eine Mysterienschule mit verschiedenen Weihestufen. Ziel war das Einswerden mit Mithras, mit der Sonne, mit dem Licht, mit dem Kosmos (Gottwerdung).

In den verschiedenen Ekstase-, Meditationstechniken und Ritualen wurden rituelle rauscherzeugende Substanzen benutzt, um bestimmte Erfahrungen zu intensivieren. Mithras galt als Einheit des Menschen mit der Natur auf seiner Reise ins Licht (nach dem Tod). Gefeiert wurde Mithras am Geburtstag der Sonne, dem 25. 12.; die Christen hatten keine Probleme, das Fest im Jahre 354 zu adaptieren und zu ihrem Weihnachtsfest zu machen, zuvor fielen Weihnachten und Ostern auf einen Tag.

Ein Großteil der Rituale in der Kirche erinnern an den Kult, so auch der Weihrauch, der ursprünglich mit Cannabis vermischt war.

Rausch diente nur als ein Vehikel, nicht als selbst sprengende

Kraft der eigenen Begrenztheit. Mit zunehmendem Abschütteln des Rausches durch die Religion und dem Ausbrechen des Rauschhaften zum Massenphänomen verlor das Rauschhafte die Vehikelfunktion.

Das war nicht immer so. Über lange Zeit durften nur die Klöster Bier brauen, auch heute gibt es noch Klosterbrauereien; früher hatten die Klöster der Kirche das Monopol über das Wissen, natürlich auch andere Vorteile.

Die Inquisition zerbrach das Wissen um Aphrodisiaka der umgebenden Natur und sicherte dadurch die Macht des Rausches zumindest zeitweise alleinige der Kirche.

Die Mönche erhielten zur Sublimierung von Erotik und Sex ersatzweise die Geiselung; höchste Schmerzextase führt zur Endorphinfreisetzung: s. z.B. Franz von Assisi: Ätzung der Schläfe durch glühendes Eisen; Aderlässe am Kopf bis hin zu präfinalen Zuständen; Heinrich Seuse, geb. 1300, soll 30 Jahre lang seinen Körper gemartert haben, um »entfernt des Körpers Seelenfreude zu erlangen«; das Begehren der levitatorischen Wirkung des Endorphins (Levitation, engl.-lat.; das freie Schweben des menschlichen Körpers, das einzelnen Heiligen und Fakiren zugeschrieben wird).

Bei der Opiatsucht fällt die Neigung des Höhlendaseins auf, auch aktuell gibt es Opiathöhlen für einen entspannten Rückzug von der automatischen Betriebsamkeit.

Hier drängt sich die Nähe zum Mithraskult auf. Dieser Sonnenkult, der pantheistisch begann, lebt heute noch im 25. 12., dem Geburtstag der Sonne, als positive Kraft fort. In diesem Kult waren Ekstase- und Meditationstechniken und Rituale usus.

Nach dem Asklepianischen Prinzip war Aufgabe der Medizin der Umgang mit dem »unmöglich Wirklichen«. Dieser Umgang gilt der Grenze zwischen Leben und Tod. Hier ähnelt der dionysische Kult dem des Asklepianischen, nicht umsonst sind beide Tempel in Athen die sich nächsten gewesen.

In den Eleisinischen Mysterien (Demeter als Mysteriengöttin) spielten Alkaloide des Mutterkorns (LSD) und Opiate eine besondere Rolle im Zykeon der Demeter (Erdgöttin).

Dionysos (heromis der Tosende, zagreus der Wilde und baccus, die Zauberkraft der Weinrebe) ist der Gott der Freude; des Weines und der Ausschweifung. Dionysos steht für Ekstase.

In der Antike sind Götter Chiffren für eine Seins- und Lebensmetapher: Dionysos erscheint, verschwindet, ist Leidender, Sterbender und immer wiederkehrender, ist Gegenspieler von Apollon, der das Maß, die Ratio, das Bild, das Licht und das Männliche verkörpert.

Dionysos stand über den Rausch für: ekstasis (aus sich heraustreten), enthusiamos, mania.

Die Mänaden waren Frauen oder Sklaven, die dem Gott hingebungsvoll folgen; verlassen Heim und Herd, waren in Rehfellen gekleidet. Der dionysische Rausch unterlief die gesellschaftliche Geschlechterordnung, war »polymorph pervers« und lebte diese prädifferenziert regressiv. Mit Dionysos erhält die Erotik eine amorph sexuelle Note; das dionysische Prinzip entbindet von der aufgegebenen Geschlechterspannung.

Rausch ist eine der höchsten Formen der Regression des Erwachsenen in orgiastischer Weise, siehe hierbei beispielsweise Aischylos: »Weiber vom Thesmophorenfest« – Darstellung von Dionysos als Mann und Frau.

Die griechische Mythologie trennte offen und enthemmt gelebte Sexualität nicht von der Religion.

Religion (Spiritualität), Erotik (Sexualität) und Rausch waren noch »gute« Brüder (Schwestern).

Rausch evoziert Erotik; der Liebesrausch führt zu einer Entgrenzung seines Selbst, es ist ein »Reflex erlebter Transzendenz« (Evola), »Rauschzeit ist Schwarmzeit«, nach Jünger »Paarungszeit«.

Es sei auch an die Kopplung von Erotik und Wein erinnert.

Im Mittelalter dagegen gehörte die Begrenzung zum Selbstverständnis der Menschen; zur Freude der Herrschenden, die ihre Macht damit sichern konnten. Das Säkulare definierten immer mehr die Fürsten. Die Mystik kanalisierte und vitalisierte hochgradig der Klerus. Die Ekstase in der Welt wurde zur Schuld. Die Depression als eigenständige Erkrankung, aber auch als mögliche Begleiterkrankung fast aller psychiatrischer Erkrankungen speist sich in der abendländischen Kultur vor allem aus der christlichen Schuldproblematik.

Die Passion ersetzte seit dem Mittelalter die Ekstase. Die Passion ist immer kontrolliert, an die Stelle von Lust trat der Platonismus, der Liebe ohne Lust, als Folge der Minne.

Heimlich entstand auch Lust ohne Liebe, die über Voyeuristentum und Autoerotismus bis hin zum Sadomasochismus sich entwickelte.

Die Perversion als uneheliches Kind der Religion entwickelte sich. Ein Beispiel dafür stellen die Hexenprozesse dar. Ein Perverser ist ein wesentlicher geistiger Vater der Hexenprozesse gewesen, der Dominikanermönch Heinrich Cramer, der Oberinquisitor von Oberdeutschland, von dem im Folgenden die Rede sein wird.

4. Annäherung an das Thema:
Die Hexenprozesse

Dem Spannungsfeld zwischen Rausch und Erotik auf der einen und Christentum auf der anderen Seite nähern wir uns exemplarisch an einem historischen Beispiel: den Hexenprozessen.

Auf grausame Weise folterten Vertreter des Christentums zu Beginn des ausgehenden Mittelalters Tausende von Menschen, i.a. Frauen zu Tode. Sie wurden so lange gequält, bis sie aussagten, mit dem Teufel im Bunde zu sein; wurden sie dadurch der Hexerei »überführt«, stand dem Todesurteil nichts mehr im Wege.

Die protestantischen Gotteshüter hatten übrigens auch vieltausendfache Brutalität ausgeübt; Benedikt Carpzov war z.B. der protestantische ausübende Richter an den höchsten Gerichtsstellen des Kurfürstentums Sachsens, dann Professor in Leipzig. Die Anzahl der Todesurteile, die er in Sachsen unterzeichnet hat, schätzte der hexengläubige P.A. Oldenburger 1675 auf zwanzigtausend. So wurden z.B. in diesem kleinen Flecken Deutschlands vermutlich mehr »Hexen« zum Tode verurteilt als in den katholischen Ländern Spanien, Portugal und Italien zusammengenommen.

Die oberste Leitung der katholisch-spanischen Inquisition lehnte 1536 den »Hexenhammer« als Autorität ab, ebenso die Inquisitionsbehörden Portugals und Italiens.

Die portugiesische Inquisition einschließlich der portugiesischen Kolonialgebiete in Brasilien, Afrika und Asien verhängte in den 300 Jahren ihres Bestehens fünf Todesurteile gegen Hexerei (Der Hexenhammer; aus dem Lateinischen übertragen von W. Behringer, G. Jerouschek und W. Tschader, dtv-Verlag, im Vorwort; S. 15).

Meistens hieß das Urteil der Christen in Deutschland Tod durch Verbrennung, aber auch Tötungen durch Ertränken, Hinrichten und Enthauptungen wurden häufig ausgeführt. Viele Menschen überlebten jedoch schon die Qualen des Verhörs nicht, das Daumen anschrauben, die Wasserprobe, Zähne anseilen usw. Auch die Kinder der Hexen wurden oftmals nach einer qualvollen Prozedur umgebracht.

Ein Beispiel unter Tausenden soll zur besseren plastischen Vorstellungsfähigkeit wieder gegeben werden.

Ricarda Huch berichtet in ihrem Buch »Der Dreißigjährige Krieg« (Ricarda Huch: Der Dreißigjährige Krieg, 2 Bände, Frankfurt a. M. 1974, Band II, S. 1050 ff.) folgende Begebenheit:

An einem dunklen, feuchten Vorfrühlingstage des Jahres 1649 kam in Aachen ein Schöffe in den Turm, wo die Gefangenen verwahrt wurden, um die Rechnungen zu begleichen, die der Turmwart zur Beköstigung der Gefangenen und andere Auslagen eingereicht hatte … Da aus dem Nebenraume durchdringendes Geschrei ertönte, öffnete der Schöffe die Tür, um zu sehen, was da wäre … Vier bis fünf Kinder umtanzten ein blasses, mageres Geschöpf, das nur mit einem Kittel bekleidet und mit einer Kette an der Wand befestigt war, und hielten ihm eine Brotrinde hin, nach der es haschte, soweit die Kette ihm Spielraum gab … Auf die Frage des Schöffen, was das vorstellte, und was für eine verwilderte Kreatur das sei, erklärte der verlegene Turmwart, das sei das Hexenkind, das vor vier Jahren zum Feuertode verurteilt, aber dazumal nicht verbrannt worden sei, weil die Richter geurteilt hätten, vor dem zwölften Jahre dürfe ein Kind nicht als Zauberer oder Hexe justifiziert werden. Es sei also beschlossen, dass es im Turme verwahrt werden solle, bis es zwölfjährig und damit zur Strafe herangewachsen wäre … Wann denn das Kind das zwölfte Jahr erreicht haben würde, erkundigte sich der Schöffe. Der Turmwart sagte, er wisse es nicht genau, glaube aber, es möchte bald so weit sein. Dem Aussehen nach, meinte der Schöffe, könne es nicht mehr als sechs zählen. Es sei an der Kette nicht so recht fortgekommen, sagte der Turmwart. Der Teufel wird auch seine Hand im Spiele haben, sagte der Schöffe und ging fort, um dem Gericht anheim zu geben, dass der Fall in Ordnung gebracht würde. Es zeigte sich, dass das Kind das zwölfte Jahr kürzlich erreicht hatte und also der Exekution nichts mehr im Wege stand …

Da ... das Urteil damals schon gesprochen und nie aufgehoben war, auch bei Kindern von Hexen, da das Früchtlein gemeiniglich nicht weit vom Stamme falle, das crimen als angeboren vorausgesetzt werden könne, einigte man sich dahin, dem Kind nur noch ein paar schickliche Fragen vorzulegen und es dann ohne Federlesen auf den Scheiterhaufen zu expedieren, da es die Stadt ohnehin schon so viel gekostet hatte ...

Gleich am folgenden Tag begaben sich zwei Richter in den Turm, setzten sich vor das angekettete Kind und fragten, ob es wisse, dass seine Mutter eine Hexe gewesen sei? Das Kind sah die Herren eine Weile groß an, allmählich zog ein Lächeln über sein Gesicht und es nickte, worauf die Herren sich einen bedeutsamen Blick zuwarfen und spöttisch auflachten.

Ob seine Mutter es oft mit zum Tanze genommen hätte, fragen sie weiter. Das Kind nickte mit glänzenden Augen. Als einzige Erinnerung von den Verhören, die vor Jahren stattgefunden hatten, war ihr das nächtliche Tanzen geblieben, von dem so viel die Rede gewesen war, und in ihrer langen dunklen Einsamkeit hatte sie sich ein liebliches Bild von der Mutter gemacht, wie sie auf duftender Weise einen Reigen mit ihr tanzte. Jetzt hätten sie den Braten gerochen, sagten die Herren ... mehr bedürfe es nicht ... solle das Kind für den folgenden Monat herrichten ... und die Holzhütte, in der das Kind verbrannt werden sollte, war klein, weil das Holz teuer war und die Stadt die Kosten tragen musste ... Der Turmwart und seine Frau weinten ... laut schluchzend sahen sie der kleinen weißen Gestalt nach, wie sie unsicheren Schrittes, zaghaft und feierlich, über das Gras hinging und in der qualmenden Hütte verschwand«.

Die Vorwürfe gegenüber den Hexen« waren fast ausnahmslos erotischer Natur; sie hätten mit dem Teufel Verkehr gehabt, hätten mit ihm rauschhafte Feste im Wald gefeiert, man habe sie mit dem Hexenbesen gesehen usw.

Im damaligen christlichen Standardwerk Hexenhammer, geschrieben von Oberinquisitor von Oberdeutschland, dem Dominikanermönch Heinrich Cramer, im päpstlichen Auftrage mordend, sind die aufgeführten Belege von Untaten der Hexen meist direkt oder indirekt erotischer Natur: Impotenz durch teuflische Nächte herbeigeführt, gestohlene Penisse, »Liebestollheit« durch Dämonen und Hexen. Es geht immer um die Erfahrungen des Mystischen, Verzauberten – neue Dimensionen des Daseins sind durch eine Verwandlung geradezu rauschhaft erlebt worden. Sicher ist auch, dass etliche »Hexen« die heilende, aber auch psychotrope Wirkung zahlreicher Pflanzen kannten; die brutalen christlichen Verhöre führten nebenbei natürlich auch zu mehr Wissen in diesen Dingen, Wissen, welches dann nach erfolgter Ermordung der Hexen in das Klosterwissen einherging.

Für Zauber, Magie usw. erhob schließlich die Kirche ihre Exklusivitätsrechte. Nur sie durfte in die Geheimnisse eintauchen, nur sie wollte ausschließlich die Macht über das Grenzenlose.

Da alle Tabus voller Erotik sind, fordern alle Religionen die Unantastbarkeit der Tabus: Geburt, Heirat, Tod.

Nicht zufällig beziehen sich die argsten Schimpfworte auf Erotik und Tabus, z.B. das Schimpfwort mother fucker im angloamerikanischen Raum.

Aber zurück zu den Hexen.

Hexen waren meist hellhäutig, oft rothaarig – auch dieses Detail wird mit Erotik zu tun haben, die helle Haut ist auch sexuell natürlich empfindlicher.

Von der Persönlichkeitsstruktur dürften vor allem hysterische Charakterstrukturen gefährdet gewesen sein. Die größere sexuelle Appetenz der Hysterikerinnen musste die christlichen Jäger auf den Plan gebracht haben; die Tatsache, dass ganze Nonnenklöster »zugaben«, mit dem Teufel im Bunde zu sein, wobei alle Nonnen daraufhin grausam umgebracht wurden, spricht für diese These.

Die Mehrzahl der Beispiele des Schadenzaubers im Hexenhammer bezieht sich auf das weibliche Geschlecht. Es wird ausdrücklich erklärt, dass die Anthropologie der Frau auf eine größere Sündenanfälligkeit hinweise. Dieser angeborene Defekt der Frauen ist die Grundlage für das christliche Tötungsprogramm gewesen.

Aus analytischer Sicht ist klar, dass die Verfasser von solchen Schriften wie den Hexenhammer mehr über sich als von anderen sprechen. Was macht jedoch die Erotik der Frau so angsteinflößend?

Der Zusammenhang zwischen Erotik und Rausch sowie christlichem Morden ist bekannt, wurde auch literarisch immer wieder bearbeitet, schön dargestellt in Umberto Eco »Im Namen der Rose«. Die Exorcisten hatten Hochkonjunktur. In den Hexenverfolgungen und Hexenverbrennungen ging es um die Auslöschung der Triebe. Krankheit und Leiden wurden auf den Sündenfall durch die Frau zurückgeführt. Gebärmutter und Teufel kamen sich näher. Hysterische Symptome waren der Beweis, dass das Böse, der Teufel dahinter steckte. Ziel musste die Auslöschung der Triebe sein. Christliches Ideal war die Beherrschung des Körpers durch den Geist.

Fatal für alle Zeiten wurde ein Abwehrmechanismus, der übrigens auch kennzeichnend für sog. frühe Störungen ist: die Spaltung zwischen Gut und Böse, da beide für ein geliebtes

Objekt nicht integriert werden können. Diese Trennung stellte die Basis für den mörderischen Elan der theistischen (Gottes-) Religion dar; da der Islam einige hundert Jahre jünger ist, sind die Exzesse zurzeit häufig islamischer Natur. Der Glaube an die Eindeutigkeit des Guten wie des Bösen — Körper/ Geist; oben/ unten; Christen/ Nicht-Christen; Trotzkisten/ Stalinisten; Franziskaner/ Dominikaner usw. — ist stets mit gegenseitigen Häresievorwürfen verbunden und natürlich ein Irrsinn.

Einer nichttheistischen Religion wie dem Buddhismus fehlt daher der Hegemonieanspruch, daher fehlt ihm auch der mörderische Elan.

5. Annäherung an das Thema:
Begrenzung und Todesangst

Der Grundmotor jeglicher Spiritualität, Erotik und jedes Rausches ist die Todesangst. Die Gewissheit des Todes erzwingt in jeder Gesellschaft und zu jeder Zeit den Rausch.

Die Todesangst ist dem Menschen immanent. Sie überfordert uns alle und erzwingt den Wunsch, Schritt für Schritt in ein Paradies zu geraten.

Das verängstigte Ich kann sich vom Tod durch Erotik und Rausch temporär abwenden; irgendwann einmal tritt es dem gegenüber, dem es sich abwenden wollte.

Schon ein Kind besitzt diese Grundangst und die Grundhoffnung.

Ich hatte ein beklemmendes Gefühl, als mir während einer Autofahrt mein damals 5-jähriger Sohn folgendes Gespräch „aufdrängte«: Papa, ich weiß nicht, wie ich das sagen soll; was ist eigentlich mit der Zeit nach der Zeit?

Da kommen wir in den Himmel.

Und dann, ich meiǹ, das muss doch auch einmal zu Ende sein. Und wenn dann immer was Neues kommt; das muss doch auch einmal zu Ende sein.

Frage mal lieber die Mama, die kennt sich damit besser aus, die geht doch immer in die Kirche.

Hm.

Die Todesangst selber ist übrigens nur durch körpereigenen Rausch ertragbar – ein Geschenk Gottes oder der Götter?

Eine letzte eigene Geschichte dazu möchte ich zum Besten geben, um die Bedeutung der biologischen Determinanten, des körpereigenen opioiden Systems anzureißen:

In einem unverschuldeten Verkehrsunfall 1991 verunfallte ich schwer; im Rettungswagen hörte ich, wie der Notarzt mit einem Rettungssanitäter meinen »Fall« besprach:

Puls steigend, Blutdruck fallend, unklare Blutungsquellen; erbitten Hubschraubertransport in ein Krankenhaus. Auf Aufforderungen des Notarztes (Augen auf; Füße bewegen usw.) konnte ich nicht reagieren, ich fühlte mich wie in einem Cocon, in dieser Situation sah ich mich neben mir und dachte, wie schön doch das körpereigene Opioidsystem ist, denn ich spürte keine wesentliche Angst.

Die wesentliche Frage zu unserem Thema lautet doch, ob die Todesangst nicht eine Spiritualität erfordert. Natürlich erfordert diese Frage eine spirituelle Beschäftigung; jede/r würde mir da zustimmen. Sie erzwingt die Zustimmung der Existenz Gottes ohne Kompromisse und trotzdem bleibt für viele Menschen ein gewisser Grad an Zweifel.

Aber wie ist es mit den beiden Entitäten Rausch und Erotik?

Das Problem ist m.E., dass die, um in unserer abendländischen Kultur zu bleiben, Essentials des Christentums – unbefleckte Empfängnis von Maria, Jesus als Gottessohn und seine Auferstehung aus dem Reich der Toten – nahezu jeder Mensch kennt; jedoch zu jeder Zeit ein fester Glaube daran mit der Implikation der eigenen Rettung immer nur eine Minderheit der Herzen erfasste – ein Glaube lässt sich nun mal nicht einstecken wie eine Brieftasche –.

Die Konsequenz dieser immer während en Unsicherheit ist jedoch eine Dramatische:

Eine Todesangst bleibt allgegenwärtig: eine Perspektive in das Unbegrenzte wird durch den Rausch verwiesen.

Erst der Rausch schwächt energisch die Bewusstheit der Rolle des Zeitaspektes ab; das von gestern durchtränkte Heute usw.; der Wunsch, das Zeitgefüge auszuschalten, ist nur durch die Drogenwirkung möglich. Ohne Substanzwirkung kommt es zu einer gigantischen Verdrängungsleistung; trotzdem kann die grundsätzliche Lebenshaltung einer Tragödie nicht abgeschüttelt werden. Daher lohnt es sich, den Umgang mit Tod in anderen Kulturen sich anzuschauen.

Es fällt auf, dass in zahlreichen Kulturen von Ureinwohnern diese gigantische Verdrängensleistung nicht vorzuliegen scheint. Auch in christlichen-katholischen Gegenden, in denen die ursprünglichen Totenkulturen einfach durch »Duldung« weiterleben, scheint das Problem nicht so signifikant. Als exemplarisches Beispiel sei der Umgang mit Tod in Mexiko genannt. Hier schenken Menschen ihren Kindern Skelette für das Totenfest, der Liebhaber schenkt seiner Liebsten ein Skelettkleid, die Frau ihrem Liebsten ebenfalls Symbole des Todes; der Name der Liebsten wird mit blauem Zuckerguss auf einen Totenschädel geschrieben; auf den Gräbern werden Picknicks veranstaltet; es gibt Corona und Mescal und pan de muerte (»Totenbrot«) wird dazu gegessen. Schon die Säuglinge werden als Skelette verkleidet, Musik spielt auf den Gräbern und es wird getanzt. Erotik und Thanatos kommen so wieder in eine artverwandte Nähe; jeder Literaturkenner mag die süd- und mittelamerikanische Literatur auch gerade wegen der liebevoll-sensiblen Beschreibung der Nähe von Rausch, Erotik und Tod.

Die Folge ist ein schöner Lebensentwurf; das Leben wird als Tragikomödie gestaltet; beim Totenfest wird getanzt, gesoffen und sich geliebt. Dieser Lebensentwurf ist voller Lebenskraft, die Tragödie wird nicht abgeschüttelt, aber die depressive Schwere der christlich-abendländischen Kultur dominiert nicht.

Ob man jedoch mit dem Tod offensiv umgeht, ihn veralbert, wohlwissend, dass er siegt, oder ob man ihn verdrängt: der Rausch gehört zu beiden Lebensweisen, aber macht es nicht einen Unterschied für die Lebensqualität, in welcher Stimmung« der Rausch erfolgt?

Das Tabuthema Tod wird deutlich in den Totenkulten. Es geht hierbei um die Trauer des Abschiednehmens, gleichzeitig wird dabei immer die eigene Lebensbegrenzung reflektiert und damit Todesangst erzeugt. Damit muss man sich vom Tod abwenden, was zum Paradoxon führt, dass man sich vom verstorbenen Freunde nicht zu Ende trauern darf, sondern die Trauer vorzeitig begrenzen muss: Er (sie) soll bei den Toten bleiben, ich muss bei den Lebenden bleiben.

Die Todesangst begrenzt die Trauer um die Toten.

Im kasachischen Totenkult wird die Leiche in eine Decke gewickelt, diese um einen Teppich und zuerst nach Hause genommen.

Zur Unterstützung der Katharsis erscheinen Klageweiber; später wird die Leiche in dem Erdgrab ohne Sarg in sitzender Haltung aufgebahrt; nach der Trauerzeremonie rennen die Männer nach Hause! – Frauen sind nicht zugelassen; geschwind muss man sich vom lieben Verstorbenen wegbewegen, damit seine Leiche auch im Grab verbleibt.

Die Trauerzeremonie findet 7 Tage, 40 Tage, 100 Tage und 1 Jahr nach dem Tod statt.

Im mexikanischen Totenkult dienen die Blumen zwischen Grab und Heim ja auch nicht dazu, den Weg des Toten zur Heimatstätte zu erleichtern, sondern dazu, ihm den direkten Weg wieder von zu Hause ins Grab zu führen.

Das genannte Prinzip findet sich in der einen oder anderen Form in jedem Totenkult wieder. Je mehr der Mensch sich zurückgeworfen fühlt auf sich selbst, desto mehr nimmt die Einsamkeit zu. Die Überschreitung der eigenen Begrenzung ist daher existenziell. Um jedoch den anderen zu erreichen, ist Unbegrenztheit (Fantasien, Tagfantasien usw.) notwendig; damit entfernt man sich jedoch wieder etwas von der Realität.

Eine Möglichkeit, dieser Trauer der letzten Einsamkeit zu entkommen, ist das Stilmittel der Entfremdung: es ist die Jahrmarktsatmosphäre.

Eine Sonderform der Entfremdung ist der Rausch.

Leider wird man sich immer wieder der Illusion der Zweisamkeit bewusst und wird auf eine lächerliche Einsamkeit zurückgeworfen. Diese kann jedoch derart belastend erlebt werden, dass die Todesangst nachlässt und im Gegenteil einen Ausweg darstellen kann – eine echt menschliche Leistung.

Die Dramatik der eigenen Begrenztheit wird immer den Rausch bewirken.

Während das Leben für den 20-jährigen schnell und rauschhaft verläuft, wird dem 40-jährigen schon durch das Altern das tragische Gefühl des Todes transparent: er wird nicht mehr so schnell seinem Kinde hinterherlaufen können wie der 20-jährige, selbst die Geschwindigkeit des Denkens lässt nach, auch die Potenz lässt schon nach. Mit Nachlassen der aktiven Erotik werden Surrogate geschaffen; es ist die Zeit, in der Weinkeller eingerichtet werden. Ohne Zeitdruck empfindet der 30-jährige sein Irdendasein; damit ist als 45-jähriger alles vorbei; jetzt geht alles doch relativ rasch; in erbärmlicher Weise versuchen es jetzt viele mit Vitaminkuren, Wellness-Urlauben, Sport; es wird um jede kleine Zugabe für das Leben gerungen. Alternde Männer werden kautzig und schielen auffällig nach den »jungen Dingern«.

Es ist eine psychologische Tatsache, dass der Mensch ab dem 40. Lebensjahr mehr über die Vergangenheit nachdenkt als über die Zukunft. Jeder Psychotherapeut wird dem beipflichten, dass das Erleben des 40. Geburtstages viel über das aktuelle Leben des Betroffenen aussagt.

Und wer dann über hohen Blutdruck, nachlassende Ausdauer, sinkende Potenz, Hämorrhoidenbeschwerden und Prostatabeschwerden klagt, hat Glück gehabt, dass der Krebs noch nicht gekommen ist, der Herzinfarkt noch nicht da war.

Mit der einfachen Kümmerlichkeit der Wirklichkeit ohne schreckliche Dramatik ist man (vorerst) noch ganz gut weggekommen. Ja, die Sehkraft lässt nach; das Gehör lässt nach; kognitive Funktionen wie Konzentration, Kurzzeitgedächtnis und Reaktionsgeschwindigkeit lassen nach, aber man muss zufrieden sein.

Dem dumpfen, mindestens schleichenden Abbau gegenüber reagiert man mit Langeweile, denn Wehren hat keinen Sinn; die Langeweile ist relativ schmerzlos. Man richtet sich in einem oftmals abwesenden Leben ein und man spürt: Das Leben ist eine Vorbereitung auf den Tod.

Die Freiheitsgrade werden geringer, vieles ist endgültig und unwiederbringlich gelaufen. Die Zeit, als man mehrfach in der Woche beschloss, ein neues Leben zu beginnen, ist unwiederbringlich vorbei.

Ehe man sich versieht, gerät man in eine Wartezimmer-Rolle, das Wartezimmer zum Tod. Das Bild des Todes steigt unablässig vor uns auf. Der Mensch hat eine panische Angst vor dem Tod. Es ist nicht schön, sich dies zu vergegenwärtigen, also lässt man sich in der Strömung des Daseins lieber gleiten. Auch wenn die sonnigen Momente des Lebens noch genossen werden können, erahnt man

dennoch das Ende immer deutlicher. Der Individualismus west-
lich – abendländischer Prägung hält dies auf Grund seines geringen
Determinismus oftmals nur mit Hilfe von substanzgebundenen
Räuschen aus.

Wer Zeit hat, über den Tod nachzudenken, hat sich Dinge zu
erlauben, die ihm helfen, ihn zu vergessen.

Eine bisherige daseinsbewältigende Hilfe und eine gleichzeitig
gesellschafts- und kirchenstabilisierende Hilfe ist die Zeremonie.
Die Enttabuisierung der darin verborgenen Lüge, wie etwa die
Beibehaltung der großen Liebe durch die Eheschließung, hat sich
herumgesprochen und ist deshalb nicht mehr länger hilfreich. Die
Zeremonie existierte durch Einhaltung von Grenzen. Der alte na-
turwissenschaftliche Streit, ob alle Gesetze dem Determinismus
oder dem Zufall unterworfen sind, muss jegliche Spiritualität beschäftigen.

War das Geschehene schrecklich, werden die Religiösen sagen,
Gott war es nicht, es waren die Menschen, wobei natürlich es nebu-
lös bleibt, warum ein Gott dies zulässt.

Es wird ein Gott postuliert, der immer die Freiheit hat, alles
anderweitig zu machen, aber er kann das Geschehene nicht unge-
schehen machen.

In dieser Grundsatzfrage des Begrenzten und des Unbegrenzten
leben wir und letztlich bricht das Leben einem doch das Herz. In
diesem Zusammenhang kann die Sehnsucht verstanden werden;
steckt jedoch hinter jeder Sucht eine Sehnsucht? Das Prinzip des
Sehnens als einer Bewegung in Richtung einer Utopie setzt ein Ich
in seiner Totalität von Denken, Fühlen und Handeln voraus; die
Realität ist bekanntlich eine andere; das Überwindenwollen dieser
Entropie ist bereits eine Utopie.

Das sich in allen Ethnen wieder findende Prinzip der Sehnsucht
lässt sich begrifflich nicht fassen, tangiert aber auch in jedem Falle
die Spiritualität (Paradies, Himmel) und den Rausch; der Zweifel an
der institutionalisierten Religion und einer rationalen Welt fördert
eine Mystik des Rausches. Die Erotik kann an die Stelle des Rausches treten. Eine agenitale Erotik kann als Sonderform der Erotik
von der Kirche integriert werden (s. z.B. Minne).

Alles Große in der Welt basiert auf Mord und Totschlag. In allen Völkern geht es um Kultur, Sublimierung, Triebverzicht, um implizierte und explizierte Auseinandersetzung mit dem Tod im Einzelnen und im Allgemeinen.

Alle Tabus resultieren aus Sexus und Tod: Geburt, Tod, Menstruation, Geburtsvorgang und Stillzeit.

Das weibliche Geschlecht, so begehrenswert es auch für den (heterosexuellen) Mann ist, symbolisiert in seiner engen anatomischen Nachbarschaft zu Ureter und After und als Geburtskanal gleich Leben, Sexus und Tod gleichzeitig.

Die Verliebtheit ist ja auch so ein Tabu, an dem nicht gerüttelt werden darf und ist nur durch Idealisierung und Überschätzung des Sexualpartners möglich, formal psychopathologisch gleicht sie einem Wahn, also auch ein rauschhafter Zustand. Es ist doch seltsam, wie unter den unendlich vielen Billionen genetischen Möglichkeiten i.a. doch immer zwei Menschen sich finden und jeweils denken, sie hätten den großen Wurf gemacht, und auf diese Weise findet der größte Schwachkopf immer den »passenden« Partner.

Assoziieren sich die beiden Erwählten, kommt es über die Zeugungsfunktion tatsächlich in gewisser Weise zu einer Unbegrenztheit des Ichs durch die Erotik:

Das neue Wesen weist in die eigene Unbegrenztheit/über den Tod hinaus. Damit wird die Erotik zu einer potenziellen Konkurrenz zur Spiritualität. Die Spiritualität hat einen Alleinvertretungsanspruch über Fragen zu Unbegrenztheiten. Der ewige Versuch der Spiritualität, die Lust von der Zeugungsfunktion zu entkleiden, ist unglaubhaft. Die Erfahrung der Überschreitung in der Sexualität macht sie der Spiritualität verdächtig, ähnelt sie doch dem Diskurs über Gott.

Was ist die Wirklichkeit unseres Seins? Nicht die physische Welt, sondern die symbolische Welt ist unser Zuhause. Über normale Krisen u. a. Entwicklungsfortschritte erschaffen wir uns den Raum der Fantasie. Das eigentliche Fluidum, in dem wir mental leben, bleibt der virtuelle Raum. Der reale Charakter der sozialen Zustände steht im Gegensatz zum fiktiven Charakter der individuellen Existenz; deshalb war es so einfach, Marxist zu sein.

Wir entwickeln aktiv die Welt und sterben in ihr.

Da wir uns aktiv die Welt gestalten, liegt es auch nahe, bewusstseinsverändernde Zustände erleben zu wollen, das ozeanische Gefühl: die Begrenztheit aufheben zu können.

Umgekehrt muss für den Süchtigen der große Schritt getan werden: das eindeutige Ja zur Begrenzung.

In dem Zusammenhang passt die Metapher, den Rubikon zu überschreiten, d.h., eine folgenschwere Entscheidung zu treffen, einen Schritt zu tun, den man nicht mehr zurücknimmt: Cäsar überschreitet mit seinem Heer 49 v. Chr. das Flüsschen Rubikon (in Oberitalien südlich von Ravenna); damals die Grenze zwischen Italien und der Provinz Gallia Cisalpina, nachdem Cäsar lange Zeit ambivalent war, abwägte, Strategien sich überlegte.

Es gibt Welten links und rechts von Rubikon; die Welt rechts von Rubikon kann z.B. beinhalten, wie ein Süchtiger seine Welt und seine Situation bewertet.

6. Annäherungen an das Thema:
Die Erotik und ihre Unendlichkeit

Die Verliebtheit weist immer in das Grenzenlose: er/sie ist grenzenlos verliebt.

Formal psychopathologisch grenzt die Verliebtheit mit der notwendigen Idealisierung oftmals an den Wahn. Dieser Wahn im Sinne des Grenzenüberschreitens ist biologisch notwendig, sichert er doch den Erhalt unserer Art Mensch; ist der Wahn jedoch verflogen, werden Millionen und Abermillionen Ehen so gestaltet, wie man den anderen die Hölle am besten bereitet; ja, es ist wahr, immer die anderen sind die Hölle.

Nun führt die Verliebtheit bekanntlich noch nicht zur Reproduktion. Auch der Aspekt des Geschlechtsverkehrs weist auf eine Unendlichkeit hin. Die entsprechenden Gehirnzentren suggerieren dem Mann grenzenloses Glück auf Erden, unmittelbar nach dem Orgasmus bricht nicht nur der männliche Stolz zusammen, nein, der Mann spürt sofort sein Zurückgeworfensein nur auf sich selbst, die Verheißung zum Glück war tatsächlich nur der Verlust von 3 – 5 ml Ejakulat: am akzentuiertesten wird die Dramatik im Bordell sein; das ist die Zeit, in der der Mann sich fühlt, dass ihm lediglich ein paar Pfennige auf seiner Reise mitgegeben wurden, er praktisch mit leeren Händen dasteht; es ist die Zeit, in der der Mann möglichst schnell den besagten Ort weiträumig verlassen möchte.

Durch einen gewissen Aspekt von Liebe, oder zumindest durch eine gewisse Zuneigung oder doch zumindest einen bestimmten Gewöhnungsprozess wird die tragische Desillusionisierung und Zurückverweisung auf die eigene nackte Existenz in einer intimen Beziehung zweier Menschen abgepuffert.

Da die Frau weniger in einer Diskontinuität als mehr in einer

Kontinuität lebt, ist der beschriebene Konflikt auch nicht so stark ausgeprägt wie beim Mann.

Ihre Verliebtheit weist ebenfalls in die Unendlichkeit; ihre Erotik jedoch erstreckt sich auf weit mehr als auf das Sexuelle, von daher sind viel mehr Bereiche von einer Grenzenlosigkeit erfasst, der sexuelle Akt selbst dagegen ist weniger von der Frage der Existenz betroffen.

Die Frau idealisiert gerne den großen, schönen, nie in der Realität existierenden Traumprinzen, der immer charakterlich gut ist, die Frau aus ihrem Eingebundensein herausholt, der für sie viele Bewährungsproben meistern muss; es ist sicher kein Mann, der zuerst an Sex denkt; die Parfümindustrie und die Industrie von »Groschen- und Arztromanen« leben von dieser Art der weiblichen Pornografie, von dieser Art der weiblichen Transzendenz des wirklich Realen.

Den Menschen beiderlei Geschlechter gemein ist jedoch der Schrecken vor dem Zurückgeworfensein auf sich selbst und stets die Suche nach einer Ahnung von grenzenlos paradiesischem Verschmelzen. Damit verbunden ist die eigentlich endlose Suche nach dem idealen Partner; hierin ist der Keim jeder Untreue und jedes Betruges; es sei denn, die bewusste Begrenzung auf einen Partner gelingt. Institutionen wie Staat und Kirche reglementierten früher und in vielen Gesellschaften auch heute noch die Art der Beziehungsgestaltung; sie zementieren im Allgemeinen die Monogamie. Ernsthaft wird keiner behaupten, dass die Menschen früher in Deutschland glücklicher waren, als die Reglementierung noch funktionierte.

Gerade die Verbreitung des feministischen Emanzipationsgedankens führt letztlich natürlich zu mehr Beendigungen von ehemals »glücklichen Ehen«, letztlich kehrt mehr Ehrlichkeit in die Gesellschaft ein, aber sicher auch nicht mehr Glück.

Die Monogamie scheint sowieso biologisch nicht die für uns bestimmte Lebensform zu sein. Zahlreiche Spermien dienen einzig und allein der Bekämpfung der Spermien eines anderen Mannes; eine alleinige Monogamie ist daher unwahrscheinlich.

R. Baker (… Krieg der Spermien) weist als Biologe darauf hin, dass aus diesem Grund der Mann versucht, eine Population von

Spermien im weiblichen Sexualtrakt aufrechtzuerhalten, der Körper der Frau dagegen versucht, den Mann zu verwirren, damit dieser nicht den besten Zeitpunkt herausbekommt, um sie zu besamen; schließlich gibt es für die Frau auch die Möglichkeit, an genetisch besseres Material heranzukommen. Aus rein biologischen Gründen wird daher milliardenfach Routinesex fortgeführt, nicht, weil es beiden Partnern noch so einen Spaß macht, sondern weil die Körper von Männern und Frauen von ihren Genen her darauf programmiert sind, in bestimmten Abständen Sex mit ihrem Partner zu suchen, auch wenn nur jede fünfhundertste Besamung zur Empfängnis führt.

Bei den Schimpansen, Bonobos und Löwen ist die Frequenz an Geschlechtsverkehr noch wesentlich höher.

Baker rechnet vor, dass bei einem durchschnittlichen Inseminat von 300 Mio. Spermien 150 Mio. von der Frau mit dem Rückfluss ausgestoßen werden, nur einige hundert Spermien zu den Eileitern wandern, jedoch etwa 1 Mio. zunächst zu den Zervixhöhlen wandern, um dort Reservoire zu bilden, um dann im Laufe von knapp einer Woche sie zu verlassen, um ihre Reise zu den Eileitern zu vollenden. Insgesamt kommen daher von einem Inseminat ca. 200 000 Spermien zu den Eileitern durch. Daher ist es nicht unwichtig, wie stark die Reservoire aufgefüllt sind und es ist daher von Bedeutung, ob der Mann 200 oder 400 Mio. Samen einbringt.

Wenn also seit der letzten Besamung eine Woche vergangen ist, sind die Reservoire der Frau leer und der Mann wird eine volle Ladung Spermien wieder einführen, ca. 400 Mill. Beträgt der zeitliche Abstand jedoch nur 3 Tage, wird er nur 200 Mio. einführen können, beträgt der Abstand nur 3 Std., wird er nur 30 Mio. einführen, beträgt der Abstand nur Minuten, gar keine. Nur auf diese Art von biologischer Berechnung hat alles seinen Sinn. Routinesex ist daher sinnvoll; die Hausfrau, die samstagvormittags staubsaugt und genervt auf den Mann reagiert, weil er seine Straßenschuhe nicht ausgezogen hat und wieder Dreck die Wohnung gebracht hat, muss widerwillig nachwischen und selbst an solch einem Samstagvormittag weiß sie im Grunde schon, dass sie heute Nacht von ihrem Mann wie jeden Samstagabend besamt wird.

Je näher wir phylogenetisch die uns im Tierreich am nächsten Verwandten uns anschauen, umso mehr wird uns der eigene Spiegel auch entgegengehalten. -

Sex und Mord sind des Öfteren miteinander verquickt.

Nimmt ein Löwe eine Löwin, so ist es nicht ungewöhnlich, dass er die Jungen, die von einem anderen Männchen stammen, tötet; schon Wochen später wird die Partnerin ihm gegenüber sexuell appetenter sein und er wird dann sein Erbgut durchsetzen können.

Sex und Betrug gehören oft zusammen.

Mächtig dominant erscheint der Führer einer Gorillagruppe, der sog. Silberrücken. Offiziell darf nur er und nicht die schwächeren Männchen, die Weibchen seiner Gruppe begatten. Untersucht man jedoch die Jungen dieser Gruppe genetisch, wird man feststellen, dass zahlreiche Weibchen sich doch mit anderen Männchen eingelassen haben müssen.

Selbst die Prostitution ist schon bei den Menschenaffen angelegt. So wurde in Zoos beobachtet, dass gegen Abgabe von Bananen die männlichen Affen sexuelle Dienstleistungen von weiblichen Affen erhalten.

Die erotische Wunschwelt bleibt immer eine Fiktion, weist immer über die Grenzen hinaus, bedeutet immer ein erotisches Schlaraffenland. Im erotischen Schlaraffenland wird man nicht mehr abgewiesen, muss nicht in aktiver Weise verführen, um erhört zu werden. Es liegt eine Grenzenlosigkeitssituation, wenn auch männliche und weibliche Erotik unterschiedlich sind in ihrer Grenzenlosigkeitssituation. So symbolisiert »Das sexuelle Leben der Catherine M.« eine männliche Fantasie, Frauen zu nehmen, wann man will, aber hier aus der authentischen Sicht einer Frau!

Eine typische weibliche Fiktion und damit die Ausschaltung der Wirklichkeit ist die Idealisierung eines männlichen Führers, eines Stars, eines Idols. So ist auch die Umschwärmung der Frauen um den großen Heiligen, den Guru, den Prediger ein Ausleben von erotischer Fiktion und welche Glückseligkeit besteht für die Betroffene, wenn aus der Fiktion ein Brotkrumen für die Wirklichkeit abgefallen ist, wenn der verheiratete Pfarrer mit ihr auch einmal geschlafen hat.

Natürlich hat dieser weibliche Zug auch etwas, biologisch gesehen, durchaus Nützliches, Nachkommen eines Helden großzu-ziehen. Daher ist in der weiblichen Erotik immer auch der Aspekt der Macht legiert, jedenfalls in stärkerem Ausmaße als beim Mann. Der Mann als stärkeres Wesen, als Krieger über Jahrmillionen Jahre macht jedoch auch Angst; um den Mann zum Hüter von Haus und Hof werden zu lassen, muss er domestiziert werden.

Daher will die Frau viel mehr eine aus Zärtlichkeit sich speisende Liebe als der Mann. Erst wenn sie keine Angst hat, öffnet sich die Vagina, sonst bleibt sie verschlossen. Die Raserei der Männer macht ihr Angst.

Umgekehrt werden wilde Frauen als Provokation von der Män-nerwelt betrachtet; sie werden von der Männerwelt unterdrückt, in dunklen Zeiten gar ermordet (s. Hexenprozesse)

Es ist eine Binsenweisheit, dass die männliche Erotik mehr auf Ge-nitalität zentriert ist als die weibliche Erotik. Eine Beziehung kann noch so kompliziert, schwierig und frustran verlaufen sein, die Er-innerungen an schöne sexuelle Begegnungen an diese Frauen bleibt dem Mann erhalten und er erinnert sich gerne daran. Eine Frau dage-gen integriert mehr die Erotik in ihr Alltagsleben, ihre Wohnung, ihr Duft, die Atmosphäre usw. werden zu einer erotischen Totalität zu-sammengefasst. Frauen können daher auch besser Schönheitsmängel durch Kleidungsauswahl, Düfte usw. ausgleichen.

Trennt sich die Frau von »ihrem« Mann, geschieht dies auch total; sie will nichts mehr von ihm wissen, mag keine Bilder von ihm be-halten, kann ihn im wörtlichen Sinne nicht mehr riechen usw.

Die Lust neigt hereditär zum Grenzenlosen und zum Verlust der Mitte. Genital sexuell zeigt sich der männliche Modus in der Pornografie durch einen Endlosdiskurs über Erotik; es gibt keinen Liebeskummer. In der Realität verrät der Mann nicht die Frau aus Gründen der »tiefen, unvereinbaren Probleme« — tausende Psycho-logen leben davon; sondern, um einfach frei zu sein. Aus einem Nestbauinstinkt heraus bleibt die Frau beim Mann, i.a. nicht aus Liebe, aber oft hält dieser Instinkt nicht; jedenfalls reichen viel mehr Frauen eine Scheidung ein als Männer.

Das Erleben des sexuellen Aktes ist sicher beim Mann anders als bei der Frau, sicher auch primitiver als bei der Frau. Eine Frau kann wesentlich besser dosieren, wie sehr sie sich mit ihrem Sex auf einen Mann einlässt; beim Mann ist es eher ein entweder – oder, entscheidend ist schließlich, ob er mit der Frau x oder y geschlafen hat oder nicht.

Gemeinsam sowohl der Fiktion des weiblichen als auch des männlichen Modus ist die Hoffnung auf ewige Metamorphosen; würden die erotischen Wogen sich beruhigen, wäre das das Ende der Leidenschaft.

Die Leidenschaft selbst erfasst jedoch nur scheinbar vollständig und ausschließlich das Liebesobjekt, vielmehr ist sie auch in wesentlichen Anteilen eine Fiktion, zumal sie eine Legierung darstellt aus allen Lieben und Geliebten in der Welt, aus Träumen, verschiedensten Begierden usw. Erst wenn ein Traum ausgeträumt ist, wenn der Betroffene die Augen aufmacht, wird deutlich, welche Anteile lediglich Projektionen darstellten.

Die Kirche steht den wahnsinnigen Allüren der Leidenschaften abwehrend gegenüber, durch die Ehe soll das sinnlich-emotionale Delirium in berechenbare Kanäle geleitet werden. Amüsant ist, wie fortschrittliche Kräfte in der Homo-Szene den armseligen Versuch unternehmen, auch anerkannt zu werden durch eine Heirat. Auch wenn die Macht der Kirche in Europa als sehr begrenzt erscheint, wird doch das Nichteinhalten der staatlichen kirchlichen Konventionen als Schande und eigenes Versagen erlebt; vieltausendfaches Elend von unverheiratet Alleinerziehenden, getrennt lebenden Menschen mit Kindern usw. sind die Folge.

Auch die religiösen Feste der Liebe, v.a. Weihnachten, sind nur ein Fest für die »anständigen« wohl behüteten geordneten Familien; es ist alles eine gigantische Selbstbefriedigung; die, die draußen vor der Tür sind, für die das Fest angeblich v.a. inszeniert wird, werden nicht erreicht – im Gegenteil; die Alleinlebenden, Armen, Kranken usw. werden nur noch deutlicher ihres Elends bewusst.

Wenn den Christen um die Weihnachtszeit warm ums Herz wird, bringen sich die meisten Selbstmörder um.

Aber nicht nur, wenn Erotik und Liebe Religion und Kirche tangieren, besteht Heuchelei und Lüge, nein, auch die Erotik selbst ist, da immer unterschiedliche Grade von Fiktionen in jedem Menschen bestehen, häufig Betrug.

Der Mann wird erregt durch die vorgetäuschten Lustschreie und Bewunderungen durch die Prostituierte. Er hört es gerne, wenn die Prostituierte ihm versichert, dass er den größten und schönsten Schwanz habe, wohlwissend, dass die Prostituierte nahezu jedem Kunden dieses Lob ausspricht. Aber wie soll ein Mann dies bei einer Partnerin beurteilen, wo fängt hier die Lust an und wo hört sie auf, und vor allem ab wann kann sich der Mann/die Frau sich der Liebe des/der anderen wähnen? Die sexuelle Lust jedenfalls kann nur die Frau heucheln, die Erektion des Mannes ist ein Beweismittel, ist unverfälschbar.

Sowohl die grenzenlose Umarmung der Frau mit Einschluss von Welt in die Erotik als auch die Neigung des Mannes, Erotik mit Orgasmus oder zumindest mit Penetration gleichzusetzen, sind gleichermaßen Fiktion und Verweis auf die Unbegrenztheit.

Die Vorstellungen, Gefühle usw. dem anderen gegenüber müssen Fiktion bleiben, einfach aus der Tatsache heraus, dass wir getrennte Wesen sind und bleiben; nur durch den Wahn »bilden« wir uns ein, jetzt mit dem anderen geistig-seelisch zusammen zu sein, alles nur, um das Gefühl des letztlich scheiternden Ichs entgegenzuwirken. In diesem Aspekt heben sich wiederum die Frauen hervor.

Wenn z.B. eine Beziehung de facto auf seelischer Grundlage beendet ist, intime Kontakte jedoch noch fortbestehen, wird die Frau sich noch eine seelische Verbindung einreden, allein aus der Tatsache, dass die bloße Entladung des Mannes für die Vorstellung der Frau eklig ist.

Die Erotik und der sexuelle Akt müssen auf die Unbegrenztheit verweisen; da alles unabänderlich dem Ende entgegengeht, glauben wir im Liebesakt für Sekunden, das Gegenteil vom Tod zu spüren und vergegenwärtigen dann doch schauderhaft, dass der Liebesakt schon einen kleinen Tod ankündigt. Das Frohlocken der orgiastischen Ekstase, die Zeit schlichtweg zu suspendieren, erweist sich »danach« als Lüge. Allein die Biologie erzwingt die repetitive Exekution der erotischen Ekstase. Daher rührten die Schwierigkeiten der christlichen Asketen auch nicht aus Hunger und Durst, sondern aus ihren orgiastisch-erotischen Fantasien — die Geburtsstunde der Perversen entstand.

7. Annäherung an das Thema:
Zur grundsätzlichen Frage der Begrenzung und der Unendlichkeit in ausgewählten Wissenschaftsgebieten

Das Thema kann psychologisch u.a. mit Begriffen wie Sehnsucht und Euphorie umschrieben werden. Auf biologischer Ebene würden wir ohne den grenzüberschreitenden Affekt der Euphorie nicht überlebt haben; viele regenerative, auch humorale Prozesse sind an den Verstärkungsthemen im Gehirn gekoppelt; Euphorie heißt: Mein Börsenbarometer steigt, es heißt auch: Ich habe es geschafft; auch kann es heißen: Der Gegner ist tot.

Euphorie heißt natürlich auch Sex, heißt auch, es ist lecker, es schmeckt oder: Ich habe einen Bären erlegt.

Rein biologisch sind die ins Grenzenlose weisenden Entitäten Rausch, Erotik und Spiritualität sicher angelegt.

Die Grundlage aller Wissenschaften ist die Physik; auch hier geht es wie in allen Wissenschaftsbereichen um die »grundsätzlichen Fragen«.

Der Physiker Stephen W. Hawking beschäftigt sich mit der Urangst aus physikalischer Sicht (z. B. Eine kurze Geschichte der Zeit); bemerkenswert ist etwa die Feststellung, dass der Abstand zwischen den verschiedenen Galaxien ständig zunimmt, das Universum sich also ausdehnt (Hubbles Entdeckung).

Weiter hochinteressant ist die Feststellung, dass die Unschärferelation (Heisenberg) ein absolut deterministisches Modell des Universums widerlege und dass alle Dinge und Menschen, die durch einen Ereignishorizont fallen, das Ende der Zeit erreicht haben.

Die grundsätzliche Frage wird physikalisch beantwortet:

Wenn das Universum keine Grenze hat, dann hat es auch weder einen Anfang noch ein Ende, es würde einfach sein.

Die Philosophie als abstrakte Wissenschaft muss sich mit den genannten Grundsatzfragen beschäftigen. Es grenzt daher naturgemäß an eine Anmaßung und an Peinlichkeit, würde man behaupten wollen, in wenigen Zeilen einen Auszug aus der Philosophie zu diesem Thema geben zu wollen. Ausdrücklich sei deshalb darauf hingewiesen, dass dies nicht der Fall sein soll.

In der Existenzphilosophie à la Martin Heidegger wird das Nichts als die Kraft angegeben,
die die Existenz umgibt und ihr Angst verleiht. Wir würden uns immer in einem Seinsverständnis bewegen, nur daraus erwachse die Frage nach dem Sinn des Seins.

In »Sein und Zeit« wird zwischen dem Sinn des Seins gefragt und vom Seienden abgegrenzt; das Seiende ist per se begrenzt, das Sein können wir als das Unbegrenzte übersetzen.

Nach Spinoza ist eine Abgrenzung notwendig, um etwas erkennen zu können.

Die Betonung der Neo-Existenzialisten, in die Welt hineingeworfen zu sein und zur Freiheit im Hier und Jetzt verurteilt zu sein, impliziert im Grunde genommen jedoch eine Abkehr von einer gegenseitigen Welt und ist insofern eine Negation des Unbegrenzten.

Nach Kierkegaard stellt das Eindringen des Göttlichen in das Weltliche ein Paradoxon dar.

Der Mythos als theologisch-philosophischer Begriff ist als der Versuch aufzufassen, das Unbegreifliche in Form einer Geschichte begreifbar zu machen.

Was sagt die Psychoanalyse zum Problem der Begrenzung und der Unbegrenztheit?

In der Beschreibung des ozeanografischen Gefühls wird obiger Zusammenhang übrigens auch mit dem Rausch angesprochen.

Die symbolisierte Welt ist unser Zuhause, das Wirkliche ist das Latente. Das Unbewusste bestimmt im Wesentlichen unser Denken, unser Fühlen und unseren Antrieb.

Winnicott prägte den Begriff des potenziellen Raumes; er hat die Funktion, mit dem Getrenntsein und damit mit der Begrenzung klar zu kommen (das Kleinkind, welches damit klarkommen muss, im eigenen Bettchen schlafen zu müssen und als Übergangsobjekt den Teddy bekommt).

Gerade der Zwischenbereich zwischen Fantasie und Realität interessiert die Psychoanalyse.

Den Raum der Fantasie, der Unbegrenztheit, erschaffen wir selbst. Das eigentliche Fluidum. worin wir mental leben, ist der potenzielle Raum.

Sehr viele klassische und neo-psychoanalytische und psychologische Begriffe verweisen auf das Unbegrenzte, wie z. B. das Größenselbst, das idealisierte Über-Ich, der Abwehrmechanismus der Idealisierung, der Wert und das Wachstum von Selbsterkenntnis, die frei flottierende Angst, die Suggestibilität und viele Begriffe mehr. Ein Eingehen auf die Begriffe in Bezug auf unser Thema würde bereits den Rahmen sprengen.

Exemplarisch soll als letzter Wissenschaftsbereich die Literatur angerissen werden und hierin als Beispiel die romantische Literatur.

Novalis ging davon aus, dass die Natur ein ewiger (unbegrenzter) Akt des Geistes ist. Es ist der Gedanke des transzendentalen Idealismus. Daher ist der Geist in der Natur als seinem Produkt anwesend. Teile des Geistes haben sich in der Vergegenständlichung der Natur abgespalten. Daher bestehe eine geheimnisvolle Harmonie von Ich und Welt, von Geist und Natur, von Subjekt und Objekt, von Endlichem und Unendlichem.

Die geheimnisvolle Harmonie soll nach Novalis in der Poesie im Gemüte zum Schwingen kommen. Diesen Zusammenhang nachzubilden, sei Aufgabe der romantischen Ironie. Nach Novalis ist Ironie eine auf künstlerische Unendlichkeit tendierende Reflexion. Daher habe romantische Poesie Verweisungscharakter, kann das Geheimnisvolle nur andeuten: »Wo gehen wir denn hin?« -»Immer nach Hause« (Novalis).

Der Verweisungscharakter bezieht sich immer auf das Unendliche. Er bezieht sich auf eine nicht zeitlich und räumlich begrenzt gedachte Einheit von Subjekt und Objekt und kann in der Literatur am besten durch Märchen, Fabeln und in Form von Fragmenten dargestellt werden.

Der Telos der Einheit und damit der Harmonie führt zum romantischen Sehnsuchts-Motiv, welches sich nicht nur bei allen romantischen Schriftstellern wieder findet, sondern die gesamte romantische Ästhetik, einschließlich die Malerei, Bildhauerei und Musik umfasst.

In der Frühromantik wird ein Urzustand angenommen, eine Zeit vor der Welt, die freilich zeitlos vorzustellen ist.

Essentials der Romantik sind damit die Reflexionsphilosophie auf Grund der romantischen Ironie und eine Universalpoesie; das Thema ist also auch hier immer der Umgang mit dem Grenzenlosen. Stets wird die ewige Agilität behandelt. Die Tendenz zum Unendlichen mit der Realisation der Ironie wird literarisch z.B. durch ständige Metamorphosen, d.h. Negationen (s. z. B. Roman Heinrich von Ofterdingen von Novalis) erreicht. Es geht um den uralten Traum von einem goldenen Zeitalter, welcher sich in das Innere zurückgezogen hat, literarisch dargestellt durch Goldadern in Berghöhlen, im Waldinnern, in Wasserbrunnen usw.

Immer ging es den Romantikern auch um die Suche nach Totalität des Daseins, um Entfremdung zu bewältigen.

8. Annnäherungen an das Thema:
Die Spiritualität und das Böse

Die grundsätzliche Erlöseridee vom ewigen Leben sollte, so könnte man meinen, eine stärkere Kraft sein als die Idee eines erotischen, orgiastischen Kommunismus oder die eines immer während en Rausches. Nur ist es leider eine Binsenweisheit, dass diese Idee nicht in die Herzen der Massen sich einbrennen lässt, es verbleibt ein mehr oder weniger großer Anteil von Zweifel; daher vermag die Spiritualität jeglicher Couleur die grundsätzliche Todesangst mit all ihren Folgen nicht beseitigen.

Im Übrigen tut die Ideologie jeglicher theistischen Religion weh und erschwert auch das Irdendasein. Im Christentum ist es die Büßerhaltung auf Grund von Adam und Eva. Nicht nur eine Wiedergutmachung der angesammelten irdischen Verfehlungen steht an, nein, die Schuld ist durch den Zeugungsakt a priori vorhanden; hierin liegt ein Aspekt der letztendlich unvereinbaren Entitäten von Erotik und Spiritualität. Der Apfel ist das Symbol für eine bewusstseinsverändernde und bewusstseinsbildende Wirkung, die dritte Dimension des Rausches ist immer dabei. Die Erkenntnis von Gut und Böse seit Adam und Eva mit der damit verbundenen Erbschuld ist und bleibt ein relevantes Thema; es gibt den Fundamentalismus schließlich nicht nur im Islam, sondern er breitet sich auch immer mehr im Christentum aus; in zahlreichen amerikanischen Schulbüchern können die Kinder alles über Adam und Eva nachlesen: die Evolution kommt dagegen nicht mehr vor!

Die Existenz des Bösen wird legitimiert. Die Achse des Bösen ist in der US-amerikanischen Politik hochaktuell, sie entspringt der christlichen Ideologie und rechtfertigt imperialistische Kriege; dies tut der Güte Gottes keinen Abbruch.

Ein Kennzeichen aller theistischen Religionen besteht im Glauben an den guten Vater und der Zweifel an seine Existenz bedingt den Glauben an das Böse, welches es zu vernichten gilt. Dieser Circulus vitiosus führt zur mörderischen Raserei, wenn die Erotik berührt wird, man denke an die Hexenprozesse, man denke an die heutigen öffentlichen Steinigungen in islamischen Staaten gegenüber Frauen, die Ehe-untreu wurden, an Mord und Totschlag in Nigeria, als dort eine Miss-Wahl stattfinden sollte usw.

Andererseits haucht die Determiniertheit auf Grund des Glaubens erst Sinn im privaten Leben ein, im Extremfall verbleibt im umgekehrten Falle das rasche Sterben als einzige Hoffnung.

Im Spannungsfeld des Lebens angesichts des Todes beißt sich oftmals der Schrei nach Leben (und Unbegrenztheit) mit spiritueller Begrenzung für das Ziel einer spirituellen Unbegrenztheit. Und auf wie viel ist man nicht bereit zu verzichten, der Unendlichkeit willen. Aber ab wann ist der Preis zu hoch?

Das Versprechen, die zehn Gebote einzuhalten, die Nächstenliebe einzuhalten, in der Ehe auch geistig treu zu bleiben usw., sind Gebote, die oftmals individuell nicht eingelöst werden können, die den Menschen überfordern. Natürlich ist es eine Binsenweisheit, dass oftmals gerade die fundamentalistischen Vertreter einer Spiritualität ihre Ideologie nicht praktizieren können, die, die von der christlichen Ehe sprechen, klinken sich eher rasch aus der Ehe in Krisenzeiten aus usw. Es ist die Heuchelei im gigantischen Ausmaße; die, die ins Feld gehen gegen das Böse, sind menschlich keine Vorbilder, können es auch nicht sein, weil sie auch nur Menschen sind. Mit zunehmender Desillusionierung und Ehrlichkeit wird jedem deutlich, wo

das Böse steckt: in mir oder nirgends. Das Böse lässt sich abstellen, aber nicht im Nachhinein beseitigen. Nicht Wissen kann böses, verwerfliches Verhalten eindämmen, sondern alleine die Weisheit. Die Weisheit nimmt tendenziell mit dem Alter zu, und fällt letztlich mit dem Tod zusammen. In welchem Maß jedoch Weisheit und Begrenzung zusammenfällt, ist die Frage. Jedenfalls ist die Begrenzung nicht identisch mit selbstgenügsam, nicht identisch mit einer Weisheit, die zu einem Gesetz erhoben wird.

Das Böse reibt sich mit der Spiritualität in gleicher existenzieller Intensität wie die Pole Endlichkeit – Unendlichkeit sowie Leben und Tod; nach Auschwitz ist die Thematik zwischen Gottesbegriff und Bösem in einem noch größeren Spannungsverhältnis.

Es bleibt die Frage nach der Existenz des Bösen, nach einer Seinswelt des Bösen, wenn Gott doch das Gute geschaffen hat.

Oder hat das Böse eine eigene Wirkmacht; wenn ich dem Bösen erliege, bin ich dann Opfer oder externalisiere ich nur das Böse nach außen, und im Gegenüber des Bösen »bin ich fein raus«; allerdings bleibt dann das Problem, warum Gott das zulässt.

Etwas idealistisch erscheint da Augustinus, wenn er davon ausgeht, dass das Böse aus dem Mangel an Gutem entsteht. Auch dann wird es schnell moralisch, und der Rausch und die Erotik sind mit dem Bösen im Bunde auf Grund eines Mangels an Gutem.

Die Wirksamkeit des Bösen in der Auseinandersetzung mit dem Guten kann nur in einer logischen Denktradition anerkannt werden, die nur den Tag anerkennt, weil es auch eine Nacht gibt; die Sichtweise ist daher zu relativieren, d.h. diese logische Setzung muss nicht sein!

Verbleibt man jedoch noch ein Weilchen in der Dichotomie des Guten und Bösen, so symbolisiert das Gute in unserer Kultur die unbegrenzt geistige Seele, während das Böse in die Nähe der Unbegrenztheit der Erotik anzusiedeln ist; es ist das alte Faust'sche Thema der ausschweifenden erotischen Nacht, für die sogar die Seele geopfert wird.

Außerhalb von jeglicher Spiritualität erscheint das Leben bestenfalls als absurd; das in-der-Welt-so-sein kann jedoch durchaus zu einer temporären genussvollen, sinnlichen Erfahrung der Phänomene um sich herum wie Wind, Berge, Luft, Sonne, Sand, Blumen, Wasser, Sümpfe, Wald, Durst stillen, Kinder- um einige Emotions-Valenzen anzusprechen – führen, ohne den Versuch einer Antwort des Warum, Weshalb und Wohin zu geben.

9. Annäherungen an das Thema:
Die Biologie und der Rausch

Aufgrund der im Buch beschriebenen existenziellen Problematik gibt es keine stärkere Kraft als den Rausch. Daher ist der Aufbau von Surrogaten so schwer.

Wie jedes ernste philosophische Problem, so handelt es sich auch hierbei letztlich um eine biologische Entität.

Eine Ratte, die durch Tastendruck gelernt hat, sich intracraniell selbst zu reizen, wird ihre eigenen Belohnungszentren im Gehirn attraktiver finden als einen Sexpartner.

Das vom Berauschten gewünschte ozeanische Gefühl hat sein anatomisches Äquivalent im limbischen System. Alles, was im Großhirn »ankommt«, wird emotional im limbischen System durchtränkt (mesolimbisches Dogaminsystem); die Frage ist erlaubt, was wir angesichts dieser Tatsache noch »objektiv« wahrnehmen können.

Die Strukturen der Sucht sind von der Evolution her früh angelegt und entwickeln sich frühzeitig im Vorderhirn.

Es kommt früh zu der Konditionierung Geruch und Gefühl. Gefühl heißt für das Tier bleiben, angreifen oder fliehen. Das Prinzip hat sich bewährt.

Auch in Bezug auf Erotik und Paarung ist diese Kopplung einbezogen, dies gilt auch für die Ferrohormonwirkung.

Auch die Verbindung zwischen dem phylogenetisch alten Schmerzsystem und dem reward system (zentralnervöses Belohnungssystem) ist auffallend, auf den Zusammenhang zwischen Schmerz und Rausch wurde bereits hingewiesen.

Ein Verstärkungsbereich ist die Euphorie. Ohne Euphorie würden viele regenerative Prozesse, wie Essen, Trinken, Sex, nicht funktionieren.

Ein anderer wichtiger phylogenetisch alter Bereich, der im Gehirn manifestiert ist, ist die Risikobereitschaft.

Ohne Risiko hätten unsere Vorfahren nie einen Bären erlegt (Machtrausch).

Unser körpereigenes Opiatsystem ist durch die Endorphinausschüttung im Gehirn möglich. Endorphine stellen einen Aspekt, des Belohnungssystems dar und sind damit essenziell für das Menschliche, wie die Triebe, die Erotik, das dionysische Prinzip. Sie machen uns aber vor allem das Leben erträglich und helfen uns beim Übertritt in den Tod.

Auch die Schokolade gehört übrigens zum Belohnungssystem.

Biochemisch scheint zum Wohlfühlen der Transmitter Dopamin eine wesentliche Rolle zu spielen. Der Neurotransmitter spielt eine wesentliche Rolle im Belohnungssystem.

Die dopaminergen Bahnen verlaufen vom ventralen Tegmentum des Mittelhirns zum Nucleus accumbeus des Vorderhirns. Durch psychotrope Substanzen wie Alkohol, Opiate oder Nikotin wird die dopaminvermittelte Signalübertragung gesteigert.

Die Gier, der Saufdruck, oder das craving genannt, ist besonders stark im Entzug des Süchtigen und geht mit einer erniedrigten Dopamin-Konzentration einher.

Weitere wichtige Neurotransmitter in Bezug auf Rausch und Sucht sind Serotonin und der hemmende Neurotransmitter GABA.

Letztlich muss jede soziologisch, psychologische usw. Feststellung ihren Niederschlag im Gehirn finden.

Rausch, Erotik und Spiritualität sind Ausdruck einer cerebralen Fähigkeit und verbleiben darin.

Die Sehnsucht als wesentlicher Aspekt dieser drei Entitäten ist daher auch ein Konstrukt, welches biochemisch sein Korrelat hat. Die besondere Reflektionsfähigkeit des Menschen bringt es mit sich, dass das Scheitern einer Sehnsucht oftmals vorweggenommen wird. Es ist die existenzielle Dramatik einer misslungenen 2. Chance (s. Das »Spiel ist aus« von Sartre), die natürlich auch biochemisch erklärbar sein wird; die Antidepressiva als chemischer Ausgleich v.a. des verminderten Serotonin u./o. Noradrenalinhaushalts lösen nicht existenzielle Fragen, heben jedoch nachhaltig die Grundstimmung, mindern das depressive Denken, haben den gehemmten Antrieb und bessern übrigens auch Zwänge und Ängste.

Letztlich ist es die Begrenztheit der eigenen menschlichen Gehirntätigkeit, die grundsätzliche Fragen von Begrenztheit und Unbegrenztheit sowie von Leben und Tod mit den beschriebenen Modalitäten von Spiritualität, Rausch und Erotik zu beantworten.

Im Schnittpunkt der Koordinaten von Begrenztheit und Unbegrenztheit sowie Leben und Tod bewegt sich ein jedes menschliche Leben, die Beantwortung durch Rausch und Sucht stellt lediglich eine besondere biologische Akzentuierung dar.

10.   Rückblick und Ausblick

Die Kultur als menschliche Leistung implizierte immer schon den Hinweis auf das Unbegrenzte.

Im Gegenzug wurde auch schon immer versucht zu begrenzen. In großen Weltentwürfen ist dieser Grundkonflikt immer lebendig. Auch in der deutschen Bundespolitik z.B. ist im Konflikt der Regierungsparteien der Sozialdemokraten und der Grünen oftmals oder zwischen Bundesregierung und Opposition der dichotome Gegensatz präsent.

Die Glücksverkündung schon auf Erden kommt bekanntlich von verschiedenen Ideologien und Schattierungen her, kommen die Glücksverkünder an die Macht, wird alles noch viel schlimmer.

Goethe ist überzeugend, wenn er behauptete, dass, wenn man alle Glücksmomente eines langen Lebens zusammenzählen würde, nur wenige Minuten herauskommen.

Insofern ist die Wurzel der Glücksverkünder die gleiche wie die der Spiritualität.

Wurde das Glück von den Religiösen auf das Jenseits verschoben, führt der Verweltlichungsprozess geradezu zu einer Forderung nach Glück im weltlichen Diesseits. Beides – der Verweis des Glückes auf ein religiöses Jenseits wie, vielleicht noch mehr – die Forderung nach Glück im Diesseits – begünstigt den Rausch. Das Glück ist sehr fragil, amorph – nicht greifbar; man spürt, wäre es dauerhaft vorhanden, würde es in Langeweile umschlagen. Trotzdem fühlt sich jeder aufgefordert, sein Leben glücklich zu gestalten; er ist für das Scheitern dieses Auftrages selber verantwortlich.

In diesem Zeitalter sind wir Menschen erstmals deshalb unglücklich, weil wir nicht glücklich sind.

Dieses Jagen nach Glück ist unvereinbar mit dem banalen Alltag und seinen tausenden Schattierungen und seinem endlos Wiedergekäutem. Hier den Kick hereinzubekommen, heißt, den Rausch und die Erotik als Paten zu nehmen.

Nicht ein glückliches, aber ein doch in überwiegendem Maße angenehmes Leben wäre aber doch schön.

Kann es ein schönes Leben geben, wenn eine paradiesische Perspektive fehlt?.

Ein wichtiger philosophischer Vertreter weder des Theismus noch des Nihilismus ist Albert Camus mit seinem Konzept der Absurdität.

Bestechend, aber letztlich nicht überzeugend ist seine These, dass wir uns Sisyphos als einen glücklichen Menschen vorstellen sollen. Als ursprüngliche Idee war es die erdenklich schwerste Bestrafung, eine Ewigkeit lang in der Unterwelt einen Felsbrocken den Berg hochzuschleppen, oben angekommen, stürzt er wieder hinunter und die gleiche Mühe geht weiter. Das sei die Absurdität unseres Daseins und wir sollen uns Sisyphos als einen glücklichen Menschen vorstellen. Allerdings kann das Konzept der Absurdität ein Überleben helfen; ich selbst habe immer wieder als Psychiater junge Menschen auf Intensivstationen, die gerade einen schweren Suizidversuch überlebt haben, mit der Frage verblüfft und für ein Weiterleben überzeugen können, warum sie sich für etwas (den Tod), was sie gar nicht kennen, entscheiden wollten.

Aber auch ein überzeugter Vertreter der Absurdität erträgt das Leben einfacher, wenn er gelegentlich berauscht ist.

Rausch gehört zum Menschen, genauso, wie Rausch und Spiritualität aus der Problematik der Unbegrenztheit eine Wesensverwandtschaft haben.

So brachte nach hinduistischer Auffassung Gott Shiva das Haschisch vom Himalaja, Siddhartha nahm sechs Jahre lang nichts anderes als Hanf zu sich, bevor er zum Buddha wurde. Für die Parsen in Persien (8. Jahrhundert vor Christus bis 5. Jahrhundert nach Christus) war Cannabis sakrales Räucherwerk.

Rastafari benutzten und benutzen Cannabis als heiliges Sakrament, um mit ihrem Gott in Verbindung zu treten.

In Griechenland galt Mohn als Symbol des Schlafgottes Morpheus und Thanatos.

Bei den Anden-Indianer nahm der Gebrauch von Kokablättern eine wichtige Funktion bei heiligen Ritualen und Zeremonien ein. Es handelte sich um eine »heilige Pflanze« für Priester.

Die Assoziation von Drogen und Spiritualität und damit die Problematik der Entgrenzung führt immer auch zu neuen externen Göttern, erinnert sei an verschiedene Sekten und Kultführern.

Andere Stilmittel« eines angenehmen Lebens könnte im Bewusstsein der Kürze des Lebens liegen, könnte der Dank dem Tode gegenüber sein, das Leben zu begrenzen, denn der Tod als Grenze des Lebens erfordert den Mut zu leben.

Ein anderes Stilmittel ist die Gewohnheit, die Gewohnheit, zur Arbeit zu gehen, auch die Gewohnheit der religiösen Eingebundenheit. Die Macht der Kirche resultiert ja oftmals gar nicht auf Grund ihrer Beantwortung der Frage des endlichen-unendlichen Lebens, sondern das religiöse Eingebundensein ist genauso wichtig.

Die unablässige Repetition, entsprechend der Symbolik der Zugvögel erleichtert das Leben.

Die Kunst der Erotik ist als rituelles Spiel Quelle und Motor des Lebens zwischen Geburt und Tod.

In der Erotik jedoch überwiegt die Unbegrenztheit gegenüber der Begrenztheit. Setzt die Reflektion wieder ein, überwiegt die Begrenztheit und damit der Tod. Das Lebenswerk, an dem ein Leben lang gearbeitet worden ist, ist abgeschlossen mit dem Tod. Voraussetzung für das Geschenk zu leben, ist es, das Leben wieder zu verlieren. Nur die Erotik ist die bestimmende Kraft zwischen Anfang und Ende.

Zwischen Nichts und Tod gibt es nur die Erotik, will man nicht der Tristesse verfallen.

Gerade der Zauber der Innigkeit mit anderen führt in der Tat zu neuem Leben und damit zur tatsächlichen eigenen Unbegrenztheit.

Allerdings zwinge ich meinem neu erschaffenen Leben auf, dass mein/e Sohn/Tochter von Anfang an zum Tode verurteilt ist, ich dränge meinem Kind die Beschäftigung mit der Begrenzung seines eigenen Lebens auf.

Ein weiteres Lebensstilmittel kann der Totenkult sein, ein Kunstgriff der Lebenden, die Toten in sich wohnen zu lassen.

Die Kunst der Ironie erleichtert sicherlich ebenfalls das Leben; man denke an das in sich ruhende Lächeln von Buddha. Der Ironiker kommt durch eine ewige Negation der Negation vielleicht der Wahrheit näher, zumindest räumt er ausgelassen/losgelassen von den herrschenden Gesetzen ein, dass auch eine andere Realität die Wahrheit sein kann. Der Berauschte lebt eine Sonderform der Ironie: auch bei ihm bleibt alles in der Schwebe. Allen Formen der Ironie ist übrigens die Unvereinbarkeit mit der herrschenden Macht gemein. Eine Folge der Ironie ist der Blick von Außen und damit im Idealfalle das Erreichen einer Gelassenheit als Lebenskunst.

In Anlehnung an Wilhelm Schmid: Schönes Leben? ist auch das ökologische Selbst eine Möglichkeit der Lebenskunst. Die ökologische Lebensart ist eine Lebensphilosophie, vom Modus des Verbrauchens zum Gebrauchen zu kommen, vom natürlichen Moment der Kreisbewegungen auszugehen, ein besonnenes Leben gegenüber Mitmenschen, Tieren und Pflanzen zu führen.

Die Teilhabe an einer Erfahrung von Unendlichkeit ist nur ein Aspekt des Lebens. In Zeiten der Abwesenheit von religiösem Glauben ist auch Leben ohne große Hoffnungen möglich. Aber trotzdem: An Träume glauben. Es ist schön zu leben.

Wir spüren: Das Leben ist wie eine weibliche Brust: w a r m .

Wir spüren, dass wir auf das Tablett des Lebens geworfen sind. Wie der Eisläufer drehen wir die Runden. Wir schrecken vor dem Rand, vor dem Abgrund zurück.

Wir geben Obacht, nicht bei den Runden »abzuschmieren«.

Die Abläufe sind immer gleich, es bleibt alles gleich, aber der Mensch nützt sich dabei ab, und irgendwann gibt es ein E n d e .